教育神经科学视域下
空间能力与代数学习的关系研究

王利◎著

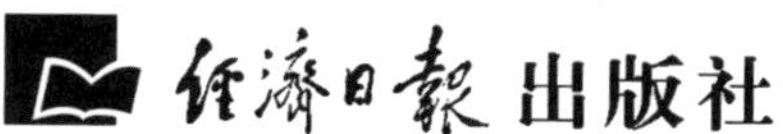

图书在版编目（CIP）数据

教育神经科学视域下空间能力与代数学习的关系研究/王利著．—北京：经济日报出版社，2021.7

ISBN 978-7-5196-0898-9

Ⅰ.①教… Ⅱ.①王… Ⅲ.①代数课—教学研究—中学 Ⅳ.①G633.622

中国版本图书馆 CIP 数据核字（2021）第 138797 号

教育神经科学视域下空间能力与代数学习的关系研究

著　　者	王　利
责任编辑	门　睿
责任校对	刘亚玲
出版发行	经济日报出版社
地　　址	北京市西城区白纸坊东街 2 号 A 座综合楼 710（邮政编码：100054）
电　　话	010—63567684（总编室）
	010—63584556（财经编辑部）
	010—63567687（企业与企业家史编辑部）
	010—63567683（经济与管理学术编辑部）
	010—63538621　63567692（发行部）
网　　址	www.edpbook.com.cn
E－mail	edpbook@126.com
经　　销	全国新华书店
印　　刷	天津雅泽印刷有限公司
开　　本	710×1000 毫米　1/16
印　　张	12
字　　数	158 千字
版　　次	2021 年 7 月第一版
印　　次	2021 年 7 月第一次印刷
书　　号	ISBN 978-7-5196-0898-9
定　　价	68.00 元

前　言

代数能力是数学能力的重要组成部分，是后续数学学习的基础。学生解决代数问题的能力是学习 STEM 学科（科学、技术、工程和数学）的基础，甚至也是很多蓝领工作的基础。正因如此，代数学习受到 PISA、TIMSS 和 OECD 等著名国际调查组织的关注。因此，对代数学习认知机制的探索有利于以更全面的角度和更深入的层次揭示个体数学能力发展的规律。

教育神经科学是一个最近出现的跨学科研究领域，它将教育学、神经科学和心理学等成熟的学科结合到一起，旨在利用心理学和神经科学的原理来重新解构和建构教育学问题，并实现对教学课程、教学方法和学习方法的改善和创新。当前教育神经科学在数学学习方面的关注焦点是数量加工与算术学习的认知与脑机制。对此，研究者已经进行了大量工作，发现算术学习能力与空间能力存在着显著的相关性；并且证实顶叶，特别是顶内沟及其附近区域，是数量加工和算术学习的核心脑区。

然而作为数学能力重要组成的代数学习的认知与脑机制，目前的研究依然很少，并且已有的关于代数的研究大多将字母表达的代数学习与数字表达的算术学习混合在同一测试中，并没有提供直接证据来说明他们发现的空间能力与数学成就的高度相关是来自代数学习还是算术学习。因此，空间能力在代数学习中的作用并不清楚。那么，空间能力在代数学习中的作用及其脑机制是什么？也就是说，空间能力是否是代数学习的重要认知基础，以及代数学习特异性地依赖顶叶的原因是否是空间能力在发挥作用？本书通过对比空间能力在代数学习和算术学习中的作用，探索空间能力在代数学习中作用以及其认知机制与脑机制。一方面，对已有代数学习认知与脑机制研究进行更深入地探讨，为代数学习认知和脑机制的研究提供新的理论依据；另一方面，对代数学习与教学具有重要的启示作用，即可以通过空间加工训练和更多使用空间图形来表征代数知识的教学方法来促进学生代数能力的提高。

目　录

插图目录

插表目录

第 1 章

绪　　论

1.1 空间能力的研究概述

1.1.1 空间能力的含义

作为心理学与教育学研究中的一个重要研究领域，空间能力的研究至今已有一百多年的历史。早在1880年，Francis Galton就在他的实验调查中第一次提出了心理表象（mental imagery）这一概念。从此，研究人员开始把空间能力作为一般智力的重要组成部分加以研究，并通过不同的方法检测其成分。1880年至1940年，研究人员将空间能力与斯派尔曼（Spearman，1927）定义的一般智力因子（g）分开。至此，空间能力成为一种独立的心理学概念被加以研究（Thorndike，1921；Kelley，1928；El Koussy，1935；Turstone，1938）。

Kelly（1928）在研究中，让被试者从选项中选出由一些形状所拼成图案的纸板，第一次发现空间能力和一般智能是不同的。他认为，空间能力是一种对视觉形式的认知与记忆，或是对视觉形状的心理操作。Thurstone（1938）根据57种测验问卷分析构成智力的基本要素，提出构成个人智力的9种基本要素，其中包含空间要素（Space factor）。Thurstone认为，空间要素主要通过视觉来辨别空间方位与想象空间结构的能力。从测验问卷中分析其所谓的空间能力，由此可得知：空间方位能力是指能在心智上操纵物体，并能在物体的方位改变后，依然能辨识出物体的特性；而空间结构能力则是指能够在心智上察觉物体的内部结构，即使物体移动甚至外部形状改变，其内部结构也能辨别出来。

从 1940 年到 1960 年，研究人员的关注点主要集中在空间能力的组成方面，因不同的因素分析技术和不同空间能力测试的使用，相互矛盾的空间能力组成一度引起大家的争论（Cooper & Mumaw，1985）。最终，研究人员一致认为空间能力不是单一的，许多空间测试是可用的（Eliot & Smith，1983）。从 1960 年到 1980 年，空间能力的研究出现了不同的研究方法和侧重点。例如，维特金和加德纳用心理测量的方法研究有关空间能力的组成；皮亚杰从发展的角度关注空间能力从童年到成年是如何发展的；而从 1980 年至今，空间能力的研究主要集中在空间能力如何测量以及如何提高空间能力等方面。

Guilford（1971）提出了智力模型——智力三维结构模式。在内容、操作和产物的三个维度交互下，个人智力可形成 120 种不同组合的智力因素（如图 1.1 所示），Guilford 从不同的观点来解释智力，他认为智力因素彼此相互独立，非分层分枝结构，但他提出的智力因素中还是处处流露出空间能力的痕迹。Guilford 将空间能力定义为 CFT，即认知运作（cognitiye operation）、图形内容（figural content）与转换的思考结果（transformational product），因此，可将空间能力解释为“图形的思考内容×认知的思考运作×转换的思考结果智力组合”。由以上学者所提出的理论，空间能力开始独立于智力之外，智力的组成因素有很多，而空间能力和智力是彼此相关却又各自独立的，也因此让空间能力的研究前进了一大步。

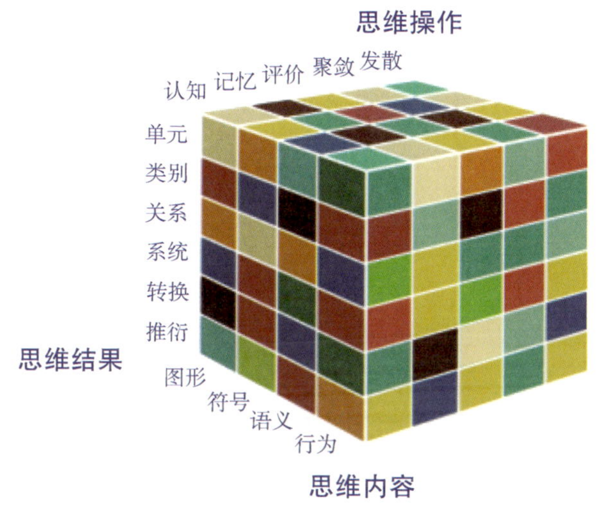

图 1.1　智力三维结构模式图

Lohman（1979）回顾与整合相关空间能力测验的研究，发现有非常多的空间能力测验，而且测验形式不同，加上因素提取转换的方式不同，因素分析的结果也会不同。Lohman 更指出，在不同的研究中，相同的测验常有不同名称，或是相同的测验名称，却有不同的测验内容，这都混淆了空间能力的范畴与构成。McGee（1979）也综合整理了过去学者的空间能力因素研究，McGee 认为空间能力主要有两种：一种是空间视觉化，另一种是空间定位。McGee 提出的理论架构虽然较为简单，但却是最基础、最容易被接受的空间理论。在数学领域中，常可见到学者将 McGee 的空间理论视为研究基础。

Garnder（1983）提出多元智力理论，认为人类至少有七种智力，Gardner 根据空间智力相关测验、专家学者对空间智力的解释、文献数据以及个人观察所得认为空间智力是一种独立的智力。在 Garnder 多元智力理论中，他认为空间智力的核心是能清楚地感知世界，并对个体原有的知觉进行修改与转换，以重新建立个体视觉经验。他将空间能力定义为二维空间的几何平面图形及对三维空间立体图形的认知能力等，或从不同的角度观看物体的能力。

空间能力的内部结构一直是研究者关注的焦点，但至今仍然没有统一的结论。French（1951）将空间能力分为三个方向，即空间能力（spatial）、定位（orientation）、空间想象（visualization）。空间能力（spatial）是指能够正确辨认并比较空间图形的能力；定位是指对某一空间图形做各种角度的辨认时，能够不受定位点影响，辨认出图形的能力；空间想象是指能在三维空间中想象物体的移动的能力。McGee（1979）则将空间能力分为两个方向，即空间可视化（spitial visualization）和空间定位（spatial orientation）。McGee 对于空间视觉化的内涵较大，French 的空间能力和空间想象均被包含其中，而且更加入了二维空间的概念，而空间定位则和 French 的定位差异不大。

Lohman（1979）将空间能力分成三个方向：空间关系（spitial relations）、空间定位和空间想象。在空间定位的定义上和前两位学者有着很大的不同，Lohman 认为，空间定位是脑海中做快速旋转的能力。这开启了心理旋转（mental rotation）研究的一扇门；空间关系是指头脑中形成有关刺激的心像并做转换的能力；空间想象是指从不同的角度去观察对象的能力。

Clements 和 Battiats（1992）将空间能力分成空间定位和空间可视化，其分类和类型内涵和 McGee 非常相近，旨在用比较少的角度来分析空间能力。

Newcombe 和 Shipley（2012）提出了一种基于二分因素（内在—外在和动态—静态）的空间能力分类理论。内在因素（intrinsic factor）涉及对象的内部空间属性，而外在因素（extrinsic factor）涉及对象外在的空间位置；动态因素（intrinsic factor）和静态因素（extrinsic factor）的区别在于物体是否发生旋转或运动。根据这些因素，空间能力分为内在—动态、内在—静止、外在—动态、外在—静止四种类型。具体类型见

表 1.1。

表 1.1　空间能力结构和内容

研究者	空间能力类型	类型内涵
French 1951	1. 空间因素（spatial） 2. 定位（orientation） 3. 空间想象（visualization）	能够正确辨认并比较空间图形的能力。 对某一空间图形从各种角度辨别时，能够不受定位点影响，辨认出图形的能力 能在三维空间中想象对象的移动的能力
McGee 1979	1. 空间视觉化（spitial visualization） 2. 空间定位（spatial orientation）	个体具有辨认二维及三维空间对象的一种心智能力。 个体判断对象与个体之间的方位与位置
Lohman 1979	1. 空间转化（spitial relations） 2. 空间定位（spitial orientation） 3. 空间想象（visualization）	脑海中形成有关对象的心像并做转换的能力。 脑海中对眼前的对象做快速旋转的能力。 从不同的角度去观察对象的能力
Clements 和 Battiats 1992	1. 空间定位（spitial orientation） 2. 空间视觉化（spitial visualization）	能察觉对象在空间中的相对位置。 能想象物体在二维和三维空间中的移动
Newcombe 和 Shipley (2012)	1. 内在因素（intrinsic factor） 2. 外在因素（extrinsic factor） 3. 动态因素（intrinsic factor） 4. 静态因素（extrinsic factor）	涉及对象的内部空间属性。 涉及对象外在的空间位置。 物体发生旋转或运动。 物体不发生旋转或运动

综上所述，空间能力至少包含知觉、想象、旋转和操作等各种心智操作，其能力成分间彼此独立却又相互依赖，但是主要还是强调个体在心理上的思维及对图像或对象具有操控及辨识能力。Uttal 等人（2013）开展了一项来自 217 项空间能力研究的元分析，他们认为，内在—动态的空间能力包括在 STEM 学科（包括科学、技术、工程学、数学等学科）中发挥重要作用的空间想象能力（Wai，Lubinski，& Benbow，2009）。本研究涉及的空间能力主要指内在—动态的空间能力，即空间想象能力。

空间能力的脑机制也是研究者关注的一个热点问题。近年来，大量的研究发现大脑的顶叶区域是个体在进行空间加工时所依赖的重要脑区（Alivisatos & Petrides，1997；Berns，Chappelow，& Zink，2003；Cohen et al.，1996；Harris et al.，2000；Harris & Miniussi，2003；Sack et al.，2002)。一方面，一些研究者采用神经心理学的方法发现，大脑顶叶区域损伤的病人在进行空间加工任务时会遇到困难。例如，Semmes，Weinstein，Ghent，& Teuber (1955) 发现，顶叶损伤的病人不能完成迷宫任务；一些研究发现，顶叶损伤的病人在完成空间定向任务上也存在困难（Battersby，1956；Coull & Nobre，1998；Szameitat，Lepsien，Cramon，Sterr，& Schubert，2006；Teng & Whitney，2008)。另外，研究者采用脑成像的方法发现，人们在进行二维或三维心理旋转、空间定向等空间加工任务时，大脑顶叶区域功能明显增强（Beauchamp et al.，2001；Berns，Chappelow，& Zink，2003；Cohen et al.，1996；Hopfinger，Nobre，2001；Woldorff，Fletcher，& Mangun，2001；Yantis et al.，2002)。

1.1.2 空间能力与个体学习的关系

空间能力是人类认知能力非常重要的组成部分，其在个体学习中所发挥的重要作用也越来越受到心理学家、教育学家的重视，尤其是其在 STEM 学科（包括科学、技术、工程学、数学等学科）的学习过程中发挥的作用。这是因为 STEM 学科的问题解决经常需要学生对空间信息有较好的理解。例如，数学专业的学生需要对立体几何关系进行量化，地质专业的学生需要描述地球 100 年的运动轨迹。大量的实验数据表明，空间能力在个体 STEM 学科的学习过程中发挥着非常重要的作用（Dabbs et al.，1998；Devon et al.，1998；Kozhevnikov et al.，2007；Lord 1990；Lord & Nicely 1997；Ozdemir 2010；Pribyl & Bodner 1987)。

首先，空间能力和个体 STEM 学科的能力高度相关（Black，2005；Carter，Larussa，& Bodner，1987；Hegarty et al.，2010；Wu & Shah，2004；Rudmann，2002)。例如，Rourke 和 Finlayson (1978) 比较了两组儿童的空间能力和口语能力，其中一组儿童具有较高水平的数学能力而

阅读能力相对较弱，另外一组儿童则具有较高水平的阅读能力而数学能力相对较弱。其结果显示，数学能力较强的儿童具有较强的空间能力，而阅读能力较好的儿童具有较强的口语能力。Casey，Nuttall 和 Pezaris（2001）研究了空间能力和数学自我概念对 STEM 学科的贡献，结果发现，空间能力的解释率为 74%。另外，空间能力对 STEM 学科的贡献超过了一些标准化测验，如 SAT（Shea et al.，2001；Webb，Lubinski，& Benbow，2007），并且有助于解释数学推理中的性别差异（Geary，Saults，Lui，& Hoard，2000）。

其次，空间能力可以成功地预测个体在 STEM 学科获得的成就（Ansari et al.，2003；Guay & Mcdaniel，1977；Miller & Halpern，2013；Shea et al.，2001；Super & Bachrach，1957；Wai et al.，2009，2010）。例如，空间能力相对较弱的学生在 STEM 学科相关课程中表现出了更大的学习困难，并且其成绩的提高也比较有限（Wai et al.，2009，2010）；相反，Wai 等人（2009）一项长达 50 年的纵向研究表明，与人文科学相比，具有较强的空间能力的青少年最终获得 STEM 学科学位或者从事与 STEM 学科领域相关工作的概率更大。

最后，空间能力训练可以提高个体 STEM 学科的能力（Cheng & Mix，2014；Miller & Halpern，2013）。例如，Cheng 和 Mix（2014）把 58 名 6 岁儿童分为实验组和控制组，实验组接受空间能力的训练，控制组接受字谜任务的训练。结果显示，实验组的学生心理旋转和计算的成绩都有显著提高，控制组的学生在这两项测试中成绩则无明显提高。Miller 和 Halpern（2013）把 77 名大学生随机分为两组，其中一组为实验组，接受为期 6 周、每周一次、每次 2 小时的空间能力训练，另一组为控制组，不接受任何训练。结果显示，实验组的学生在物理测试中的成绩都高于控制组的学生，但其他理工类课程如工程设计、化学、微积分等的测试成绩，实验组学生与控制组学生则无明显差异。Barnea 和 Dori（1999）采用不同的教学方式指导学生学习化学键与化学结构这一内容，实验组包含3个班级的学生，接受计算机分子模型的教学；另外2个班级的学生为控制组，接受普通的授课方式。结果显示，和控制组的学生相比，实验组的学生在空间能力测验中分数更高，在化学结构与化学键这一内容的掌握上进步更大，并且能够借助模型解释更多的化学现象。Michael 等人（2005）把103名大学生分为两组：一组为实验组，接受4个小时的空间模块教学，学生可以直观地观察地球模型；一组为控制组，接受相同时间的普通授课。两组对比结果显示，实验组的学生空间能力和地理测试成绩都高于控制组的学生。

1.2 算术学习与空间能力的关系研究

已有的研究表明空间能力和数学成绩关系紧密。首先，空间能力可以预测数学成绩。例如，Krajewski 和 Schneider（2009）发现工作记忆的空间画板（用矩阵任务［Wilson，Scott，& Power，1987］和柯西组块任务［Milner，1971］测量）和数学成绩（用德国二年级数学考试［Krajewski，Liehm，& Schneider，2004］测量）存在很强的相关性（0.41）。Rohde 和 Thompson（2007）发现，在控制由瑞文高级推理测验和 Mill Hill 词汇量表测量的一般认知能力之后，SAT 的数学部分受空间能力和加工速度的影响非常明显，二者对其有独立的贡献。其他研究也揭示了空间能力任务和数学成绩显著相关（Berg，2008；Bull et al.，2008；Swanson & Kim，2007）。其次，有关病人的神经心理学研究也显示出数学和空间存在紧密的相关性。Zorzi，Priftis 和 Umilt`a（2002）发现，在要求半侧空间忽视病人完成数字等分任务，和正常人控制组定位的中点相比，他们更倾向于把中点定位在一侧。最后，空间训练任务可以提升个体的数学能力（Ferrini-Mundy，1987）。

为了探究数学能力为何与空间能力紧密相关，研究者通过不同的研究方法，进行了大量的实验研究。其中研究最广泛、深入的是空间能力在数字和算术学习中发挥重要作用的原因。下面，我们将从认知行为层面、心理表征层面和神经基础层面具体展开。

1.2.1 认知行为研究

虽然数字和空间看似两个完全不同的领域，但已有研究发现，两者之间存在非常紧密的关系（Walsh，2003）。其中一个有力的证据是空间—数字反应编码联合效应（简称 SNARC 效应），具体指，左手对相对较小的数字反应速度更快，右手对相对较大的数字反应速度更快（spatial numerical associations of response codes；Dehaene，Bossini，& Giraux，1993）。

调查 SNARC 效应较为常用的任务之一是奇偶判断任务（Dehaene et al.，1993）。在该任务中，每个刺激随机呈现一个 0 到 9 之间的数字，被试者进行反应，共有两种反应类型：其中一半的题目是，如果是奇数则被试者用左手反应，如果是偶数则被试者用右手反应；另外一半的题目是，如果是奇数则被试者用右手反应，如果是偶数则被试者用左手反应。结果发现，在奇数和偶数中都表现出左手对相对较小的数字反应速度更快，右手对相对较大的数字反应速度更快。以上这种现象从某种程度上证明了心理数轴（mental number line）的存在（Dehaene，Dupoux，& Mehler，1990）。也就是说，数字在头脑中也是按这样的顺序排列成一条数轴的，即从小到大、从左到右。这从某种程度上反映了数字加工时空间信息对数字编码的影响。

SNARC 效应被发现后，多位研究人员对该现象进行了拓展性研究。他们通过对各种形式的数字（阿拉伯数字、英文数字、中文数字、德文数字）和类似数字的形式（如含有数字的中文词）的研究，同样发现了这种效应的存在（Calabria & Rossetti，2005；Fias，1996，2001；Nuerk，Wood，& Willmes，2006；Ito & Hatta，2004；Loetscher et al.，2010；Shaki & Fischer 2012；Winter & Matlock，2013；刘超，买晓琴，傅小兰，2004；杨金桥，2009）。

1.2.2 眼动研究

个体对空间信息加工的心理过程可以通过眼睛的运动来体现（Corbetta et al.，1998；Johansson &Kennedy，1983）。眼动技术在证明心理加工过程的空间特征的研究过程中被很多领域广泛应用，如记忆过程（Brandt & Stark 1997；Johansson & Johansson，2014；Kennedy，1983；Martarelli & Mast，2013；Micic，Ehrlichman，& Chen，2010）、语言加工过程（Altmann 2004；Huette et al.，2014）和数学加工过程（Hartmann，Grabherr，& Mas，2012；Hartmann et al.，2014，2015；Winter et al.，2015）。

数字的 SNARC 效应在眼动实验中同样得到了证实（Fischer，Castel，Dodd，& Pratt，2003；Hartmann，Grabherr，& Mast，2012；Zorzi et al.，2002），即个体在处理相对较小的数量时，左侧的眼睛运动更快；在处理相对较大的数量时，右侧的眼睛运动更快。这种“眼动 SNARC 效应”不仅反映在扫视反应时间上，而且反映在自发眼跳距离上。例如，Loetscher 等人（2010）让被试者随机说出 1～30 内的任意数字并同时记录被试者的眼动轨迹，结果发现，当被试者报告相对较大的数字时，眼睛注视位置向右和向上漂移；类似地，被试者报告相对较小的数字时，眼睛注视位置向左和向下漂移。Myachykov 等人（2016）发现，当刺激固定呈现在屏幕中央时，或者被试者同时参与另外的扫视任务时，同样的现象也会发生。

数字 SNARC 效应通过眼动实验证实之后，一些研究者发现该效应在计算加工中同样存在（Fischer & Shaki，2014；Hartmann et al.，2015；Hartmann，Mast，& Fischer，2016；Pinhas，Shaki，& Fischer，2015；Zhou，Zhao，Chen，& Zhou，2012）。例如，Hartmann 等人（2015）通过加减法的眼动实验揭示了计算加工的空间属性。他们记录了被试者在加工加法和减法（如 3+5，4－1）时的眼动轨迹。研究发现，与进行减法运算相比，被试者在进行加法运算时眼睛更会向上移动，在水平方向，第一个数字呈现得越大，眼睛轨迹越向右偏移。该实验结果使心理数字线的现实存在得到了再一次验证，同时也体现了空间表征能力在计算中的作用（Hartmann et al.，2016）。

1.2.3 脑成像研究

过去 30 多年来的脑损伤病人和脑功能成像研究基本揭示了数字、计算在顶叶的顶内沟区域（intra－parietal sulcus，IPS）存在相对的领域特异性加工（Butterworth，1999；Cohen Kadosh & Walsh，2009；Dehaene，Dehaenelambertz & Cohen，1998；Dehaene et al.，2004；Dehaene et al.，2003；Kinzler & Spelke，2007；Nieder，2004）。

一系列脑功能成像、神经生理和神经心理研究使用数字作为实验材料，发现数字数量加工依赖顶叶，特别是顶内沟及其附近区域。例如，数字数量加工比不包含数量信息的中性条件（如颜色、字母或者非数量词语等）有明显较高的顶内沟激活水平（e.g.，Ansari et al.，2006；Cohen et al.，2009；Dehaene et al.，2004；Eger et al.，2003；Holloway et al.，2013；Ischebeck，Heim，Siedentopf et al.，2008；Jacob & Nieder，2009；Libertus，Brannon，& Pelphrey，2009；Shetreet et al.，2014；Thioux et al.，2005）；颅内皮层电极记录发现数字数量信息（如电话号码、时间日期等）会激活顶内沟神经元群（Dastjerdi et al.，2013）；顶叶损伤病人的数字数量加工能力（如数字读写、计算、数量大小比较等）受到严重影响（e.g.，Cipolott et al.，1991；Halpern et al.，2003；Kucian et al.，2006；McMillan et al.，2006；Polk et al.，2001；Troiani et al.，2009；Troiani，Clark，& Grossman，2011）。

大量脑功能和结构成像、神经生理学和神经心理学研究发现，算术学习也依赖顶叶，特别是顶内沟及其附近区域。例如，脑功能成像研究发现，珠心算专家比对照组在算术学习过程中更多激活顶上小叶后部（Hanakawa et al.，2003），在计算任务中，发展性计算障碍儿童顶内沟的激活程度明显与正常儿童不同（Ashkenazi et al.，2012；Cohen Kadosh et al.，2007；Molko et al.，2003；Kucian et al.，2006；Rotzer et al.，2009）；结构脑成像研究发现，数学家和计算能力超常儿童的顶叶灰质密度比普通人更大（Aydin et al.，2007），发展性计算障碍儿童比对照组儿童的左侧顶叶灰质密度低（Isaacs et al.，2001）且顶内沟灰质体积小（Rotzer et al.，2008；Rykhlevskaia et al.，2009），右侧顶内沟的长度、深度及沟的形态也明显异常（Molko et al.，2003）；神经心理学研究发现顶内沟区域损伤的病人加法和减法计算水平明显比正常人低（Dehaene & Cohen，1997）。

因此，数字加工依赖大脑的顶叶区域，同时顶叶也是个体在进行空间加工时所依赖的重要脑区（Alivisatos & Petrides，1997；Barnes et al.，2001；Berns et al.，2003；Cohen et al.，1996；Harris et al.，2000；Harris & Miniussi，2003；Sack et al.，2002），因此，从神经机制的角度来说，两者对顶叶的依赖可能源于两者具有共同的神经基础（Dehaene & Brannon，2010；Hubbard et al.，2005）。

1.3 空间能力与代数学习的关系研究

代数作为数学中的基础学科，可认为是进入数学殿堂最重要的一个

“门槛”（蔡金法，2007）。代数在任何一门数学相关的课程中都会出现，同时代数也是其他STEM学科的基础。正如一项报告指出，代数内容在75％的工作资格考试中都会出现（Merrie Leah Skaggs，2007）。然而，学生在学习代数时存在很大的困难，其主要原因在于代数是一门表示数学抽象关系的学科，而大多数学生前期的数学经验不能适应这种抽象的思维方式（Ma，2005a，2005b；U.S. Department of Education，1997）。

1.3.1 认知行为研究

已有关于代数学习的研究都集中于从教育学和教育心理学的角度关注代数的学习过程、教学改进、干预方法和个体差异（e.g.，Blanton & Kaput，2002；Carraher et al.，2006；Carry，Lewis，& Bernard，1979；Cheng & Mix，2014；Fuchs et al.，2013；Heid，1996；Kaput，2000；Kieran，1990；Ngu，Chung，& Yeung，2015；Park & Brannon，2013，2014；Rittle-Johnson & Star，2009；Rittle-Johnson，Star，& Durkin，2009；Sfard & Linchevski，1994；Siegler et al.，2012；Sleeman，1986；Star，Newton，Pollack et al.，2015；Warren et al.，2006；冯虹、阴国恩和陈士俊，2009；张华、曲可佳和张奇，2013；赖颖慧和陈英和，2010；杨向东，2013，2014）。比如Booth，Lange，Koedinger和Newton（2013）发现，使用样例学习方法有助于学生的代数学习，特别是错误的例子对代数概念理解帮助更大。Ziegler和Stern（2014）发现，经过代数式重复对比学习的六年级学生，在分辨相似的代数原理时，所表现的能力明显强于正常学习的学生。国内学者也多数将目光聚焦于代数学习与教育（赖颖慧和陈英和，2010；杨向东，2013，2014）。例如，冯虹，阴国恩和陈士俊（2009）发现，在应用代数解题时，不同年级学生的眼动模式不同，即使是同一年级的学生运用代数知识解不同类型题时的眼动模式也不同。张华，曲可佳和张奇（2013）发现，采用转换标记法样例教学可以提高指一对数转换规则样例学习的迁移成绩，而为了提高对数运算规则样例学习的迁移成绩，可以采用解释法样例教学。

尽管代数学习存在重大认知需求（Tolar et al.，2009），但经检索得知，目前只有 7 篇国内外的研究涉及代数学习的认知机制。这些研究都将代数学习题目和其他类型数学题目（如算术或者几何）混合在同一测试中，作为考查个体数学能力的一部分（Casey et al.，2015；Dix & van der Meer，2015；Geary et al.，2015；Kyttala & Lehto，2008；Reuhkala，2001；Tolar et al.，2009；蔡丹，李其维和邓赐平；2013）。

其中 4 篇研究发现，智力和工作记忆对于提高包含代数题目的中学生数学测试成绩起到了重要作用，但是没有涉及空间能力的作用（Dix & van der Meer，2015；Geary et al.，2015；Kyttala & Lehto，2008；蔡丹，李其维和邓赐平；2013）。例如，Dix 和 van der Meer（2015）对 66 名九年级学生的智力水平和数学能力（包括算术计算和代数运算）进行了测试，结果发现智力水平较高的学生在进行数学问题解决时，其解题的速度更快，准确率更高。Kyttala 和 Lehto（2008）对 128 名 15 岁和 16 岁的高中生进行了一般智力、工作记忆和数学能力（包括算术、几何、代数和问题解决）方面的测试，结果发现，学生的数学能力和一般智力、工作记忆紧密相关。蔡丹、李其维和邓赐平（2013）对 111 名初中生数学学业成绩（包括数与代数、空间与几何两方面）、工作记忆、数字广度和句子广度等方面进行了考查（其中，数学学业成绩为学校几次考试的平均分），结果发现，学生的数与代数（包括算术和代数）成绩和工作记忆得分呈现正相关关系。Geary，Hoard，Nugent 和 Rouder（2015）考查了 171 名九年级高中生的代数能力（包括坐标位置标定、代数式代入求值、代数式记忆和综合数学能力测验）、数感能力和其他一般认知能力，结果发现，代数学习能力与数感能力有关，但该相关在控制其他认知能力（智力、执行功能和反应速度）后消失。

另外 3 篇研究提到了包含代数题目的数学测试成绩与空间能力存在显着相关性（Casey et al.，2015；Reuhkala，2001；Tolar et al.，2009）。例如，Casey 等人（2015）发现小学一年级女生的空间认知能力（包括韦氏智力量表中的 Block Design 任务、二维心理旋转和三维心理旋转）可以预测她们五年级的数学推理能力（包括 14 道代数题和 13 道几何题，其中代数题包含以图形表示未知数的解方程问题），并将其解释为高水平的空间认知能力能够有效地产生心理表征，从而在空间中建立和组织数学问题（“One factor may relate to the advantage of those with strong spatial skills in being able to effectively generate mental representations in order to spatially structure and organize mathematical problems.”）。Reuhkala（2001）对 62 名九年级学生进行了心理旋转、工作记忆与数学成就（包括算术和代数）方面的测试，其中数学成就为九年级期中和期末的两次标准化数学测验，结果发现，心理旋转和工作记忆二者与数学能力的相关性在两次数学测验中的相对地位是不同的，并认为这是数学测验的题目不同所导致的，也就是说，空间能力在数学能力中的重要性随着测试题目的改变而变化。Tolar 等人（2009）对大学生进行了工作记忆、三维心理旋转、计算流畅性和代数能力方面的测试。其中，代数能力测试包括算术（$-3-2=?$）、方程（$2x-7=8$，$5x+y=6$，what is the value of x?）和问题解决（given a picture of a triangle with two of the angle measures given and the third represented by x，what is the value of x?），结果发现，空间能力在数学成就中的作用次于计算流畅性，并且通过结构方程模型分析发现，空间能力的作用可以被数学受教育程度所解释。

因此，空间能力在代数学习中可能发挥着重要作用，但已有研究使用的代数学习与算术学习混合测验无法分离二者各自的认知基础。题目的混合设计可以全面考查被试者的数学水平，但带来的问题是，这些研究都没有将代数学习本身的认知基础与其他数学知识加工的认知因素区分开来。

迄今为止代数学习与空间能力的关系仍不清楚。

1.3.2 脑成像研究

经检索发现，目前在国内外期刊上所发表的关于代数学习的脑机制研究文献共有 9 篇。其中 7 篇研究发现了顶内沟及其附近区域是代数方程和代数问题解决加工的关键脑区，并将其解释为“数量模块”的作用（Anderson et al.，2003，2012；Danker & Anderson，2007；Lee et al.，2007；Monti et al.，2012；Qin et al.，2004；Sohn et al.，2004）。例如，Qin 等人（2004）通过对儿童到成人的发展变化的研究发现，儿童和成人在做代数方程（如 $1x+0=4$，$1x+8=12$ 和 $7x+1=29$）时，特异性地激活了顶叶区域；Sohn 等人（2004）通过将代数问题解决的抽象符号表达方式（如 $7H+9=E$）与自然语言（如“Brian earns ＄7.00 an hour and gets ＄9.00 tips for his earnings”）进行对比发现，代数抽象符号表达方式比自然语言显著激活了顶叶区域。Monti 等人（2012）对比了一般语义推理过程（判断“Z was paid X by Y”和“It was X that Y paid Z”是否一致）和代数推理过程（“X minus Y is greater than Z”和“Z plus Y is smaller than X”是否一致）的大脑激活模式，结果发现，代数推理过程与一般语义推理过程显著激活了双侧顶内沟区域。Lee 等人（2007）通过代数问题解决的抽象符号表达方式（“$J=M-50$”）和图画表达方式（如用两个长度不等的长方形表示两者间的差异）的对比分析，结果发现，代数抽象符号表达方式比图画表达方式显著激活了双侧顶上和楔前叶区域。另外，一些研究者用 ACT - R 模型分析代数过程（$3x+5=23$），结果也发现，代数过程显著激活了双侧顶内沟区域（Anderson et al.，2003，2012；Danker & Anderson，2007）。

这 7 篇研究对脑功能成像数据进行了联合分析（Conjunction）、对比分析（Contrast）和感兴趣区域分析（Region of interest，ROI），都发现了顶叶（主要包括顶内沟和顶上区域）在代数学习中起着重要作用。研究者把顶内沟区域的激活解释为数量模块的作用，认为代数学习中数字符号的数量表征（magnitude representation）比自然语言能更多地激活顶内沟，而且涉及数量比较过程（magnitude comparison）。因此，有更多的视觉表象加工需求（imagined transformations of algebraic equations）和视觉注意需求（attentional selection and orientation）。

另外 2 篇关注代数推理中前额叶皮层作用的研究（Friedrich & Friederici，2009，2013）比较了代数式的逻辑推理［如 $(a \cdot c < d + x) \vee (y + z < b)$］和集合表示［如 $\{y = z, w + w, d \cdot d, u + b, b \cdot a\}$］，以及逻辑推理的代数表达式［如 $(x \cdot n < e) \wedge (b \cdot a = a \cdot b)$］和算术表达式［如 (7? 0<1)∧(3・4=4・3)］之间的差异，强调了前额叶皮层在数学逻辑运算中起控制、算术—逻辑和短时记忆的重要作用。这两篇研究也承认顶上区域（BA7 区）在某些条件下参与代数学习，其作用是将接收到的外部信息转换为合适的形式以传递给前额叶皮层进行推理。

综上，以往的大部分脑成像研究发现了代数学习主要依赖顶内沟区域，并利用数量模块假设给出了理论解释，但这一假设对于解释代数学习的脑机制可能难以成立，其主要原因如下：

第一，以往关于代数学习的研究将代数学习的顶内沟激活归因于传统的数量模块假设，因为这些研究不约而同地在刺激材料中使用了数字（如 $3x + 2 = 17$，$7H + 9 = E$ 和 $J = M - 50$），因此在代数学习过程中混合了数字加工或者算术学习。然而以往大量研究已经证实，无论是数字加工还是算术学习都能特异性地激活顶内沟及其附近区域（e. g.，Cantlon & Li，2013；Cantlon et al.，2009；Eger et al.，2003；Fias et al.，2003；Kaufmann et al.，2005；Nieder，2004；Piazza et al.，2007；Piazza & Izard，2009；Thioux，et al.，2005，Nieder & Dehaene，2009）。研究也发现，阿拉伯数字比工具名词能够激活更多的顶内沟区域（Cui et al.，

2013)，以及使用自然语言表达算术学习与句子语义理解加工相比，明显更多地激活双侧顶内沟（Liu et al.，2016）。因此以往的研究使用含有数字的代数式，意味着不能确定发现的顶内沟特异性激活是来自代数学习还是数字或算术学习。所以，我们为排除数字或算术学习的影响，拟采用“纯粹的”代数材料，即只包含字母和数学运算符的代数式（如 $a+b+c$），并与算术学习（如 1＋2＋3）做对比，探索代数学习对顶内沟的依赖及其内在机制。

第二，以往的研究用顶内沟及其附近区域存在数量模块来解释代数学习对顶内沟的依赖，但还缺乏直接证据证明顶内沟的激活从何而来。代数运算是比算术运算更为抽象的数学运算，只关注代数符号之间的数学关系及其性质，而对于数量本身并不关注，因此可能完全不存在具体的数量加工过程，它可以不依赖数量和算术学习。我们提出顶内沟的激活是因为代数学习依赖空间加工，而空间加工可以通过眼动活动来考察，比如算术过程中自发形成和使用的“心理数轴”可以引起有规律的眼动活动（Yu et al.，2016）。我们将对比代数学习和算术学习的眼动模式，考察它们的眼动模式是否产生分离。

第三，以往的研究只使用了联合分析（Conjunction）、对比分析（Contrast）和感兴趣区域分析（Region of interest，ROI），这些传统方法只体现了代数学习的大脑激活模式特点，还缺乏对代数学习过程中的脑区连接特点的考察。本研究将尝试对代数学习的大脑活动特点进行更深入的探讨，拟采用心理、生理交互作用（Psychophysiological interactions，PPI）来探讨代数学习的脑功能连接和激活模式。

第 2 章

问题提出与研究设计

2.1 主要科学问题

综上，以往数学认知领域研究的焦点是数量加工和算术学习的机制，空间能力在算术学习中作用的认知与脑机制也得到了全面的探讨。相对而言，尽管学生的代数学习能力是未来进一步学习 STEM 学科的基础，但代数学习的认知与脑机制研究较少，关于空间能力和代数学习的关系的研究更少，并且这些研究都将代数学习题目和其他类型数学题目（如算术或者几何）混合在同一测试中。例如，Reuhkala（2001）使用了算术应用题、因式分解和将字母作为未知数的几何题；Kyttala 和 Lehto（2008）考查了算术应用题、代数式计算和几何题；Tolar 等人（2009）的测试包括代数计算、解方程、代数问答题、算术、几何问答题和概率题等；Dix 和 van der Meer（2015）考查了高中生的算术和代数运算；Geary，Hoard，Nugent 和 Rouder（2015）测试了数字坐标位置标定、代数式代入求值、代数式记忆和综合数学能力测验。蔡丹，李其维和邓赐平（2013）采用了综合性的标准数学测验和学校的期中、期末考试成绩。

题目的混合设计可以全面查察被试者的数学水平，但带来的问题是这些研究都没有将代数学习本身的认知基础与其他数学知识加工的认知因素区分开来。比如，讨论空间能力和代数学习关系的三篇研究（Casey et al.，2015；Reuhkala，2001；Tolar et al.，2009）都没有提供直接证据说明研究者发现的空间能力与数学成就的高度相关是来自代数学习、算术学习还是几何加工，因为以往大量研究已经发现算术学习能力与空间能力显著相关（e.g.，Berg，2008；Krajewski & Schneider，2009；Wei et al.，2012），而几何加工能力更是与空间能力关系紧密（e.g.，Anderson et al.，2008；Battista，1990；Xu & Shi，1992；Gallagher et al.，2000）。因此迄今为止代数学习与空间能力的关系尚不清楚。

在有关代数学习的脑成像研究中，大部分脑成像研究发现了代数学习主要依赖顶内沟区域，但这些研究的刺激材料都使用了数字（如 $3x+2=17$、$7H+9=E$ 和 $J=M-50$），导致代数学习过程中混合了数字加工或者算术学习（Anderson et al.，2003，2012；Danker & Anderson，2007；Lee et al.，2007；Monti et al.，2012；Qin et al.，2004；Sohn et al.，2004）。然而以往大量研究已经证实，无论是数字加工还是算术学习都能特异性地激活顶内沟及其附近区域（e.g.，Ansari et al.，2006；Cohen et al.，2009；Dehaene et al.，2004；Eger et al.，2003；Holloway et al.，2013；Ischebeck，Heim，Siedentopf et al.，2008；Jacob & Nieder，2009；Libertus，Brannon，& Pelphrey，2009；Shetreet et al.，2014；Thioux et al.，2005）。因此，以往研究发现的顶叶激活就不能确定源自代数还是数字，也就不清楚顶叶的特异性激活是因为空间加工还是数量加工。

所以，以往研究对"空间能力是否在代数学习中发挥着关键作用"这个问题并没有实质性地解释。目前，依然不能解释代数学习是否与空间能力存在紧密关系。然而，揭示二者之间的关系，对于今后代数学科的教学与学习有着十分重要的指导意义。因此，研究代数学习中空间能力作用的认知与脑机制是非常必要的。

基于以上考虑，本研究提出了"空间能力在代数学习中是否发挥着不可替代的关键作用，以及其脑机制是什么?”这个科学问题。也就是说，空间能力是否是代数学习的重要认知基础，以及代数学习特异性地依赖顶叶的原因是否就是空间加工？本研究拟通过比较代数学习和算术学习的认知与神经机制，从而检验空间能力在代数学习中的作用。

2.2　基本研究假设

根据以往认知行为研究和脑成像研究的实验结果，本研究提出的假设是，空间能力是代数学习的认知基础之一。也就是说，空间能力在代数学习中发挥着重要的作用，并且是代数学习特异性地依赖顶叶（特别是顶内沟区域）的主要原因。

首先，基于认知行为研究的证据发现，组成代数式的字母存在空间表征，而且使用空间表征有助于代数学习。

第一，已有的行为研究发现，组成代数式的字母表现出类似数字的 SNARC 效应（即 Spatial Numerical Association of Response Codes），指对小数字左手反应快，对大数字右手反应快，说明数量（如阿拉伯数字 1～9）是由“心理数轴”来进行心理表征的（Dehaene，Bossini，& Giraux，1993），因此存在空间表征。Gevers，Reynvoet 和 Fias（2003）首先提出了被试者对荷兰语中的月份（如 januari 和 februari）和字母（如 E G I L R U W Y）在顺序时，左手反应速度快于右手，而逆序时，右手反应速度快于左手，说明其心理表征使用了空间编码。后来 Badets，Boutin 和 Heuer（2015）发现，被试者在字母的排序与字母表中一致的试次反应明显快于不一致的试次。McCrink，Shakib 和 Berkowitz（2014）发现，在空间搜索任务中，作为提示的字母按字母表顺序从左到右排列的条件下，讲英语的学前儿童表现更好，而讲希伯来语的儿童则在从右到左排列的条件下表现更好。以上研究都说明，字母也和数字一样，都使被试者表现出非常清楚的类似 SNARC 的效应。

第二，已有的教育心理学研究发现，使用空间表征有助于学生的代数学习。例如，De Cruz（2012）提出，在学习中使用图形表达可以帮助学生学习解多元方程。Scheiter，Gerjets 和 Schuh（2010）发现，使用动画形式有助于九年级学生学习代数应用题，即动画学习组学习后的迁移能力表现明显强于使用文字学习的对照组。Battista（1981）发现，语言—空间形式教学比纯粹语言形式教学能获得更好的代数学习效果。

其次，脑功能成像研究证据发现，字母的空间表征与加工与顶叶活动紧密相关。由此我们提出，由字母符号表征的代数学习应该也依赖顶叶，而且其内在机制是空间加工。

第一，以往研究发现，顶叶在字母识别过程中和字母位置编码过程中起着重要的作用。例如，Carreira 等人（2014）利用字符串匹配任务发现，英文字母比阿拉伯数字和有意义的符号（如“%”和“&”）在顶叶区域明显有更多的激活，并提出左侧顶叶参与字母识别过程，特别是字母位置编码加工。Reilhac 等人（2013）也发现，双侧顶上和顶下区域在字母察觉、识别和位置编码中起着重要作用。

第二，有证据表明，用字母表达的推理比用自然语言词汇表达的推理更依赖顶叶，因此使用字母表达的代数学习应该更依赖顶叶。例如，Goel 等人（2000）发现，采用自然语言词汇表达的三段论推理（如“All swans are black”）使用左侧颞叶系统，而使用字母表达的三段论推理（如“All P are B”）则主要使用顶叶网络。Goel 和 Dolan（2001）稍后又重复了他们的研究，依然发现在三项关系推理任务中，用字母表达的推理（如“L is standing behind K”）比用自然语言词汇表达的推理（如“Larry is standing behind Kirk”）有更多的顶叶激活，虽然它们都使用类似的双侧枕—顶—额叶网络。

以上证据提示我们，组成代数式的字母符号的“空间加工”在代数学习中发挥了显著作用，因此本研究提出关于代数学习的顶叶领域特异性依赖的另一种假设："空间加工假设"，即空间加工是代数学习的一种认知基础，加工的内容为代数式中各类符号的形状信息（如字母、运算符）及其位置关系；其脑机制主要表现为代数学习特异性地依赖顶叶，尤其是顶内沟区域的活动，这是代数符号的空间加工特点所导致的。

2.3　研究内容

本研究将结合以往的工作以及前人的研究结果，借鉴文献综述中有关空间能力在算术学习中作用的认知与脑机制的研究方法，尝试回答"空间能力在代数学习中是否发挥了不可替代的关键作用，以及其脑机制是什么?"这一科学问题。本研究所使用的代数学习是指针对含有字母但不含数字（为排除数字带来的数量信息影响）的数学表达式进行数学加工，主要表现在代数计算和代数问题解决两方面。具体从以下几方面入手展开研究：

研究一：空间能力是否是影响代数学习的关键认知因素?

以往的研究发现，中学生的包含代数题目的数学测试成绩与空间能力存在显著相关性（Reuhkala，2001；Tolar et al.，2009）。然而，在这两个研究中，代数计算问题（如 If $t-2=6$，then $t+2=?$）与算术（如 $-3-2=?$）被混合在同一测试中，没有区分代数计算与算术学习的认知机制，并且大量研究已经发现，算术学习与空间能力有显著关联（e.g.，Berg，2008；Krajewski & Schneider，2009；Wei et al.，2012），因此代数计算与空间能力的关系尚不清楚。

所以，在研究一中，我们将首先对空间能力与"代数计算""代数问题解决"这两种代数学习关系进行探讨，研究空间能力是否独立地作用于代数学习，探讨空间能力是否是影响代数学习的关键认知因素。我们将分别考查大学生被试者的一般认知能力、空间能力与大学代数能力、算术能力之间的关系；并在控制其他认知因素之后，通过回归分析考查空间能力测验成绩对代数能力和算术能力的预测力；进一步通过中介模型分析，研究空间能力是否在图形关系推理和代数学习中起调节作用。

研究二：代数学习心理表征是否有空间属性？

数字的表征具有空间属性，具体表现为“心理数轴”的存在（Marghetis et al.，2014；Knops et al.，2013；Knops et al.，2011；司继伟，周超，张传花和仲蕾蕾，2013），同时表示代数式的字母也表明“心理数轴”的存在（Badets，Boutin，& Heuer，2015；Gevers，Reynvoet，& Fias，2003；McCrink，Shakib，& Berkowitz，2014），数字、字母的空间表征是对于空间与数学关系的一种解释。在研究二中，我们将从代数学习的心理表征入手，采用眼动方法，对比代数学习和算术学习心理表征的特点，从而探究代数学习是否比算术表征需要更多的空间资源。

研究三：代数表征及加工的脑机制有何特点？

过去有关代数学习的脑成像研究都采用解方程或者应用题的题型来考查代数问题解决（Anderson et al.，2003，2012；Danker & Anderson，2007；Lee et al.，2007；Monti et al.，2012；Qin et al.，2004），并且这些研究都在刺激材料中使用了数字（如 $3x+2=17$、$7H+9=E$ 和 $J=M-50$），但是大量研究发现，数字本身就会特异性地激活顶叶（e.g.，Eger et al.，2003；Ischebeck et al.，2008；Libertuset al.，2009），因此以往研究发现的顶叶激活就不能确定到底是源自代数还是数字，也就不清楚代数学习还是数量加工在顶叶的特异性激活中发挥着重要作用。因此，我们无法了解空间能力对代数学习发挥作用的神经基础是什么。在研究三中，我们将通过功能磁共振成像技术，考查个体大脑在进行代数学习时大脑激活模式和功能连接的特点，从而揭示代数学习中空间能力作用的脑机制。

根据以上三个研究内容，我们通过以下实验进行探索，其研究框架如图 2.1 所示。

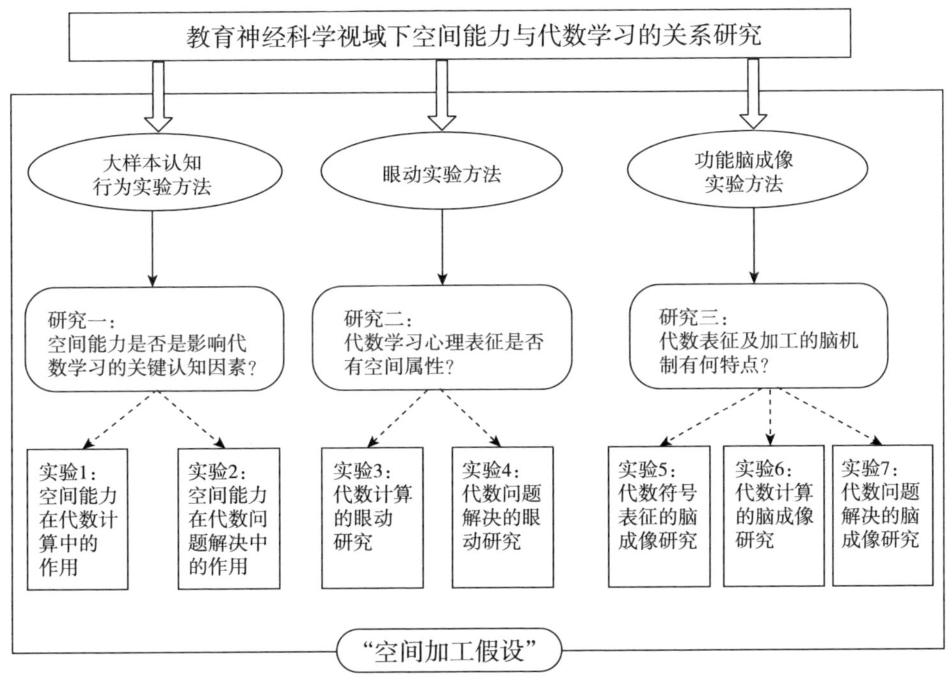

图 2.1　研究框架图

第 3 章

空间能力与代数学习的关系研究

已有的关于代数学习和空间能力关系的研究，将代数学习问题与算术学习混合在同一测试中。例如，涉及代数计算的研究将代数计算问题（如 If $t-2=6$，then $t+2=?$）与算术（如 $-3-2=?$）混合在同一测试中（Reuhkala，2001；Tolar et al.，2009）；涉及代数问题解决和空间加工的认知行为的研究（Reuhkala，2001；Tolar et al.，2009）都将代数问题解决（如解方程"$2x-7=8$，$5x+y=6$，what is the value of x?"）与算术（如"$-3-2=?$"）或者算术应用题（如"The weekly working hours of an office employee are 35 hours. She works from Monday to Thursday from 8：30 a.m. to 4：00 p.m. If she comes to work at 8：00 a.m. on Friday，what time can she leave her work?"）混合在同一测试中，甚至将代数题与几何题混合组成将字母作为未知数的几何题（如"The sides of a isosceles triangle are $2x-3$ and the base is $x+4$. ① If the circle of the triangle is 18 cm，what is the value of x? ② If the triangle is equilateral，what is the value of x?"）。这样的测试导致无法区分代数学习与其他数学知识加工的认知机制，从而也不清楚代数计算、代数问题解决是否与空间加工存在高度相关的关系。

所以，在研究一中，我们将用大样本认知行为实验方法来探究空间能力与代数学习的关系。所使用的代数学习是指用含有字母但不含数字（为排除数字带来的数量信息影响）的数学表达式进行数学加工，主要表现在代数计算和代数问题解决两方面，通过实验 1 来考查代数计算和空间能力的关系，通过实验 2 来考查代数问题解决和空间能力的关系。

3.1 实验 1：空间能力在代数计算中的作用

3.1.1 研究目的

该实验首先验证空间能力是否与代数计算存在关系，然后探究代数计算是否比算术计算更依赖空间能力，最后探究空间能力是否在图形关系推理和代数计算关系中发挥着中介作用。我们采用三维心理旋转任务来考查个体的空间能力，用简单减法、复杂减法任务来考查个体的算术计算能力，用图形关系推理任务来考查个体的抽象推理能力。

3.1.2 方法

3.1.2.1 被试

该实验选取大学本科生和研究生共 241 名学生，136 名男生，105 名女生，年龄在 18 到 26 岁之间，平均年龄为 21.9 岁。被试来源分布为北京市内各层次高校（包括 985、211、一般本科和专科学校），以保证被试取样的代表性。被试均是右利手，眼睛视线正常，没有精神方面的疾病历史。所有被试在了解了有关实验步骤后，签署知情书并承诺自愿参加实验。

3.1.2.2 程序

本实验采用个体施测的方法进行测试。测试在配备电脑的行为实验室中进行。在实验开始前，主试对测试的内容和流程进行详细的讲解。在了解实验相关内容后，被试进行一定的练习然后开始正式测验。答题过程中，每个被试测验的顺序保持一致，被试在规定时间内准确、迅速地做出反应。每个测验包含练习与正式测验两部分，所有学生按照相同的顺序进行测试，学生的反应会被自动地记录下来，并通过网络提交到数据库。

3.1.2.3 任务

所有测验通过心理学网络平台（www.dweipsy.com）完成。对于选择反应，计算每个被试的平均反应时间；对于图形匹配和点阵数量比较，计算每个被试的平均反应时间和错误率；对于其他任务，计算每个被试的校正分数，即该被试在规定时间内回答正确的题目数减去回答错误的题目数，以此来控制被试在做题过程中的猜测效应（e.g.，Cirino，2011；Salthouse & Meinz，1995）。

代数计算：该测验限时 3 分钟，任务范式改编自 Knops 等人（2006）的研究，实验材料用英文字母表达的代数计算，如 a－b－c，包括交换律（如 $a+b=b+a$）、结合律（如 $a-b-c=a-(b+c)$）和分配律（如 $a\times(b+c)=a\times b+a\times c$），这些都是关于四则混合运算部分的内容，也是我国中小学教学大纲中所要求掌握的代数知识。在本测验中，被试者需判断屏幕上方和下方同时呈现的两个代数式是否相等（如图 3.1 所示）。如果相等，用左手食指快速地按“Q”键进行反应；否则，用右手食指快速地按“P”键进行反应。按键后题目消失，进行一个道题目，每两道题的时间间隔为 1000 毫秒。

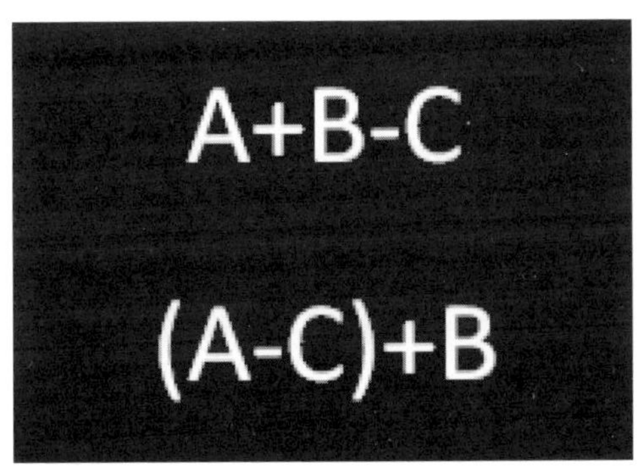

图 3.1 代数计算测验刺激示意图

算术计算：包括简单减法、复杂减法，旨在考查个体的算术计算能力。其中简单减法共有 92 道题（如 5－3，16－7），限时 2 分钟。屏幕上方出现一个 20 以内的减法算式，下面呈现两个备选答案［如图 3.2（a）所示］。被试者需要判断哪个为正确答案，如果认为是左边的备选答案，就用左手食指快速地按“Q”键进行反应；如果认为是右边的备选答案，就用右手食指快速地按“P”键进行反应。按键后题目消失，每两道题的时间间隔为 1000 毫秒。题目中被减数最大为 18，被减数与减数的差均为个位数字。每个不正确的备选答案都在正确答案±3 的范围内（±1，±2，or ±3）。复杂减法共有 95 道题（如 89－14，67－23），限时 2 分钟。屏幕上方会呈现一个 100 以内的两位数减两位数的减法算式，下面呈现两个备选数字［如图 3.2（b）所示］。被试的反应方式与简单减法相同。测验中大部分题目需要运用借位策略，每个不正确的备选答案都在正确答案±10 的范围内。

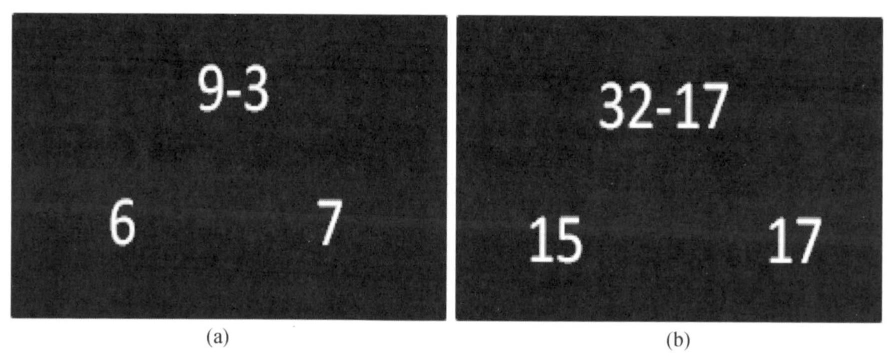

图 3.2 算术计算测验刺激示意图

三维心理旋转：该测验出自 Shepard 和 Metzler（1971）的三维心理旋转任务，目的是对个体的空间能力进行考查。其分半信度为 0.87，测验限制时间为 4 分钟，总共 180 道题目。屏幕上会同时出现三个三维图形，上方出现一个，下方出现两个（如图 3.3 所示）。被试需要判断下方中的哪一个图形可以经过旋转和上方的那个图形完全重合。如果认为是左边的图形，被试就用左手食指快速地按下“Q”键进行反应；如果认为是右边的图形，被试就用右手食指快速地按下“P”键进行反应。按键后题目消失，进行一下个题目，每两道题的时间间隔为 1000 毫秒。三维图形旋转的角度范围为 15°至 345°，每 15°为一个单位，按从易到难的顺序 180 道题目将相继呈现。

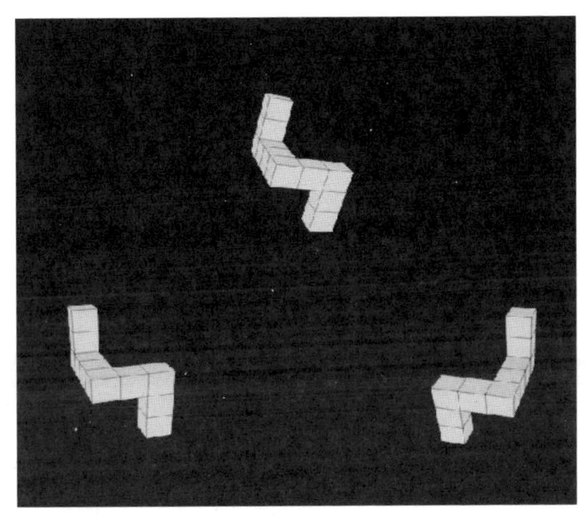

图 3.3　三维心理旋转测验刺激示意图

选择反应时：该测验是对被试的反应速度进行考查。测验的分半信度为 0.96 测验时，屏幕上会出现一个加号和一个白色圆点（如图 3.4 所示），被试需要判断白色圆点是在加号的左边还是右边。如果是左边，被试用左手食指快速地按“Q”键进行反应；如果是右边，被试用右手食指快速地按“P”键进行反应。该测验共计 30 道题，各有 15 道题白色圆点在加号左边和加号右边。按键后题目消失，每两道题的时间间隔为 1000～3000（Wei，Lu，et al.，2012）。

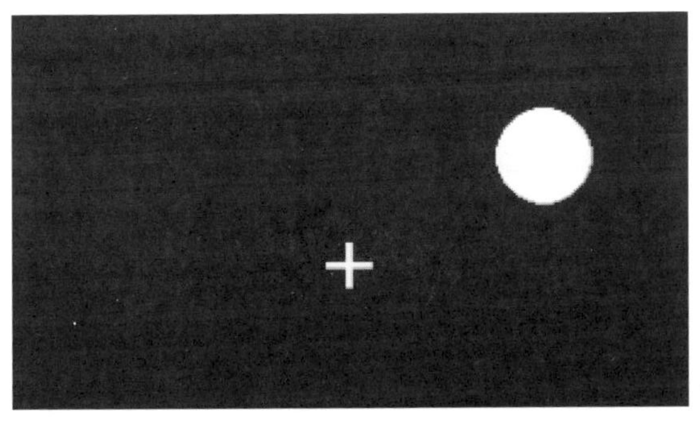

图 3.4　选择反应时测验刺激示意图

图形匹配：本测验是在 Ekstrom 等人认知测验手册中的图片辨别测验（Ekstrom et al.，1976）的基础上进行改编而来的，目的是对被试的视觉形状知觉进行考查。测验的分半信度为 0.88，该测验不用限定时间，总共三个部分，由 120 个不规则图形组成，每部分包括 40 道题目，被试须完成全部题目。每道题目包括左边一个目标图片和右边 3 个选择图片，二者会同时出现在屏幕中央，持续 400 毫秒（如图 3.5 所示）。每两道题的间隔时间为 1000 毫秒。要求被试快速准确地完成每一道题目。

图 3.5 视知觉图形匹配测验刺激示意图

点阵数量比较：点阵数量比较测验是在早期数学能力测验第二版中的数目比较测试的基础上改编而来的，其目的是考查被试的基本数目加工能力（Ginsburg & Baroody，1983）。该测验的分半信度为 0.91，共有三个部分，每部分 40 道题，被试者须在规定时间内完成。在测验中，两组大小、数量不同的点阵将会在屏幕上迅速出现，在忽略黑点大小的条件下，被试判断哪边的黑点数量多（如图 3.6 所示）。如果认为是左边的多，被试就用左手食指快速按“Q”键进行反应；如果认为右边的多，被试就用右手食指快速地按“P”键进行反应。每组点阵的数目在 5～32 的范围内变化，其中一半的题目两组点的平均面积相等，另一半题目两组点的整体面积相等。两组黑点的数量比为 1.2～2.0，每道题的存在时间为 200 毫秒，两道题间隔为 1000 毫秒。

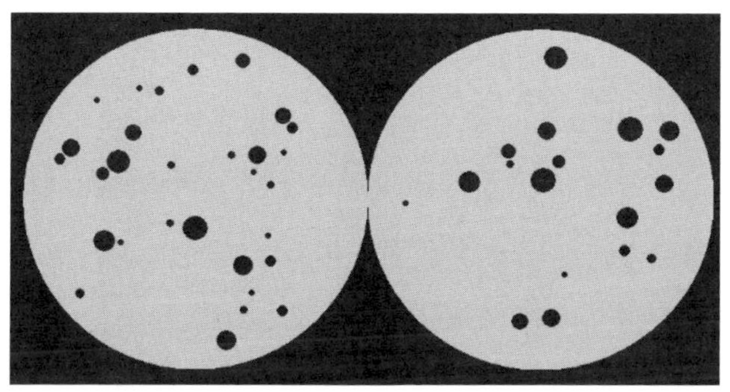

图 3.6　点阵数量比较测验刺激示意图

词语理解：该测验是在 Siegler 等人的词语辨析测验（Siegler，1997）的基础上进行改编的，实验材料出自国内近几年的语文试卷中词语理解题。在该测验中，屏幕上方出现一个缺失词语的句子，屏幕下方出现两个备选答案，被试需要判断左右两个词语哪个一个是正确答案。如果认为是左边的词语，就用左手食指迅速地按“Q”键进行反应；如果认为是右边的词语，就用右手食指迅速地按“P”键进行反应（如图 3.7 所示）。被试反应后，刺激消失，每两道题的间隔时间为 1000 毫秒，该测验限制时间为 5 分钟。

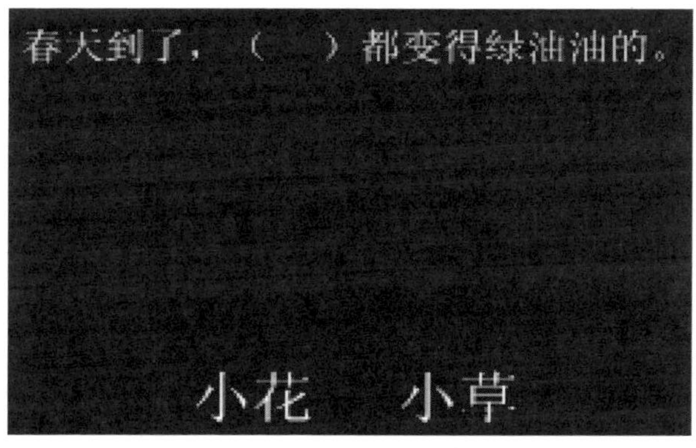

图 3.7　词语理解测验刺激示意图

图形关系推理测验：该测验是在瑞文推理测验（Raven，2000）的基础上进行改编的，用来对个体的抽象推理能力进行考查，该测验的分半信度为 0.84。整个测验的时间限制为 3 分钟，80 道题。测验时，一个大的图片将在屏幕上方出现，同时有两个选项出现在屏幕下方，如图 3.8 所示，根据规律被试需要辨认并推理一张大图中缺少的部分是下方的哪一个图片。如果认为是左边的图片，被试就用左手食指迅速地按“Q”键进行反应；如果认为是右边的图片，被试就用右手食指迅速地按“P”键进行反应。按键后题目消失，进行一下个题目，每两道题的时间间隔为 1000 毫秒。

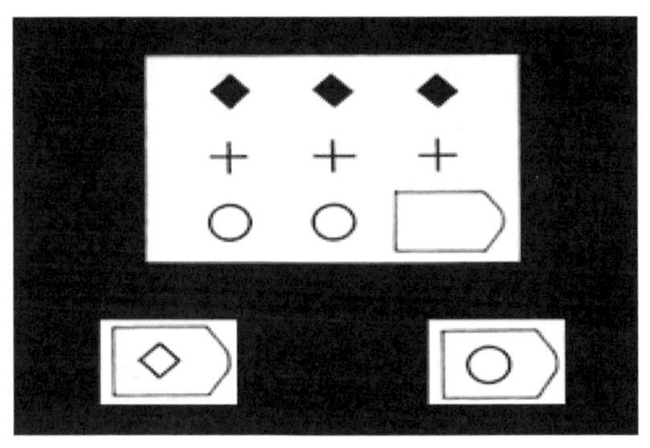

图 3.8　图形关系推理测验刺激示意图

3.1.2.4　数据分析

该实验首先采用 SPSS 20.0（SPSS Inc.，Chicago，IL）对数据进行相关分析和回归分析。通过对代数计算、算术计算与一般认知能力的成绩进行皮尔逊积差相关分析，揭示被试一般认知能力与代数计算、算术计算任务之间的关系；采用分层回归分析，以代数计算和算术计算任务为因变量，其他一般认知能力为控制变量，探讨控制与代数计算和算术计算相关的认知因素之后，空间能力是否可以独立预测代数计算能力和算术计算能力。

然后，我们使用 SPSS Amos 20 软件建立代数计算和其他认知因素的的路径分析模型。该模型拟合度通过卡方（χ^2）、相对拟合指数（CFI）和标准化残差（SRMR）等指标来检验，良好的模型拟合包括 χ^2 检验不显著，CFI 值大于 0.95，SRMR 值小于 0.10（Kline，2015）。

最后，我们使用 Hayes（2012）编制的 SPSS 中介效应分析插件，以一般认知能力（简单反应时，图形匹配，点阵数量比较，词语理解）作为控制变量，对三维心理旋转是否在图形关系推理和代数计算能力之间发挥中介作用进行检验。依据温忠麟等人（2012）对中介作用检测过程的描述，考虑图形关系推理对代数计算的影响，假如图形推理能力通过影响三维心理旋转能力进而对代数计算能力产生影响，则称三维心理旋转在图形关系推理和代数计算之间起中介作用。图形关系推理、三维心理旋转和代数计算之间的关系可以用下面一系列方程来描述：

$$Y=cX+e_1 \quad (1)$$

$$M=aX+e_2 \quad (2)$$

$$Y=cX+bM+e_3 \quad (3)$$

其中，Y 表示代数计算得分，X 表示图形关系推理得分，M 表示三维心理旋转得分。

若（1）系数 c 显著，（2）系数 a 显著，且系数 b 也显显著，则存在中介作用。

如果 c 不显著，则是完全中作用；如果 c 也显著，则是部分中作用。

3.1.3　结果

3.1.3.1　代数计算与一般认知因素的相关分析

表 3.1 为所有任务的描述性统计，包括统计指标、平均值和标准差。表 3.2 为所有任务内部之间的相关性。研究结果发现，代数计算能力和算术计算能力（简单减法、复杂减法）与大部分一般认知能力呈显著正相关性。三维心理旋转得分与三者都存在显著的相关性（代数计算：$r=.28$，$p<.001$；简单减法：$r=.21$，$p<0.001$；复杂减法：$r=.22$，$p<.001$）。

表 3.1 各个任务的平均分数和标准差

任务	统计指标	平均值（标准差）
1. 代数计算	校正分数	18.9（6.4）
2. 简单减法	校正分数	51.2（6.9）
3. 复杂减法	校正分数	28.1（6.5）
4. 三维心理旋转	校正分数	24.6（9.3）
5. 图形关系推理	校正分数	20.6（9.2）
6. 选择反应时	反应时	372.7（70.7）
7. 图形匹配	反应时	679.3（269.6）
	正确率	65.6（8.6）
8. 点阵数量比较	反应时	537.4（112.3）
	正确率	81.3（7.9）
9. 词语理解	校正分数	38.5（7.9）

表 3.2 各个任务之间的相关性

任务名称	1	2	3	4	5	6	7	8	9	10
1. 代数计算	—									
2. 简单减法	.42***	—								
3. 复杂减法	.47***	.58***	—							
4. 三维心理旋转	.28***	.21***	.22***	—						
5. 图形关系推理	.23***	.22***	.21***	.43***						
6. 选择反应时	−.15*	−.22***	−.21***	−.27***	−.12	—				
7. 图形匹配（反应时）	.14**	.16**	.01	.11	.07	−.07	—			
图形匹配（准确率）	.26**	.40***	.31***	.17*	.24***	−.07	.12	—		
8. 点阵数量比较（反应时）	.01	.32***	.03	−.11	−.02	.26***	.21**	.19**	—	
点阵数量比较（准确率）	.16*	.21**	.18**	.23**	.25***	.01	.13*	.27***	.36***	—
9. 词语理解	.39***	.19**	.43***	.10	.20**	−.13*	.09	.25***	.05	.23***

注：表中数值代表相关系数；* $p<.05$；** $p<.01$；*** $p<.001$。

3.1.3.2 空间能力对代数计算的预测作用分析

表 3.3 为空间能力对代数计算能力和算术计算能力（简单减法、复杂减法）的预测，结果显示，在控制了被试的性别、年龄，以及他们的一般认知能力（简单反应时、图形匹配、点阵数量比较、词语理解）和抽象推理能力（图形关系推理）后，代数计算得分和三维心理旋转得分仍然存在

着显著的正相关性（β=.20，p=.002），简单减法得分和三维心理旋转得分的相关性不显著（β=.11，p=.116），复杂减法得分和三维心理旋转得分相关性不显著（β=.11，p=.124）。

表 3.3　不同任务对代数计算、算术计算作用的回归分析结果

预测变量	步骤 1	步骤 2	步骤 3
	β	β	β
代数计算			
年龄	.01	.00	.00
性别	.03	−.07	−.03
选择反应时	—	−.06	−.03
图形匹配（反应时）	—	.09	.07
图形匹配（准确率）	—	.15*	.13*
点阵数量比较（反应时）	—	−.06	−.02
点阵数量比较（准确率）	—	.06	.00
图形关系推理	—	.06	.00
词语理解	—	.35***	.34***
三维心理旋转	—	—	.20**
	R^2=.00	ΔR^2=.21***	ΔR^2=.03**
简单减法			
年龄	.10	.10	.10
性别	.10	.02	.04
选择反应时	—	−.17*	−.14*
图形匹配（反应时）	—	.09	.08
图形匹配（准确率）	—	.09	.08
点阵数量比较（反应时）	—	−.03	−.01
点阵数量比较（准确率）	—	.05	.02
图形关系推理	—	.07	.03
词语理解	—	.30***	.30***
三维心理旋转	—	—	.11
	R^2=.02	ΔR^2=.19***	ΔR^2=.01
复杂减法			
年龄	.04	.04	.04
性别	.04	−.05	−.03
选择反应时	—	−.15*	−.13*
图形匹配（反应时）	—	−.01	−.02

续表

预测变量	步骤 1	步骤 2	步骤 3
	β	β	β
图形匹配（准确率）	—	.20**	.20**
点阵数量比较（反应时）	—	—.01	.02
点阵数量比较（准确率）	—	.05	.02
图形关系推理	—	—.02	—.06
词语理解	—	.38***	.30***
三维心理旋转	—	—	.11
	R^2=.00	ΔR^2=.26***	ΔR^2=.01

注：* p<.05；** p<.01；*** p<.001。

3.1.3.3 三维心理旋转在图形关系推理和代数计算关系中的中介作用

图 3.9 为所有任务内部之间的路径分析图，该模型具有良好的拟合度，其中，χ^2 (9)= 11.06，p=.271，CFI=.992，SRMR=.026。研究结果发现，代数计算得分和三维心理旋转得分存在显著相关性（β=.21，P<.001），但代数计算得分和图形关系推理得分的相关性不再显著（β=—.01，P>0.05），因此我们进一步进行中介模型分析。

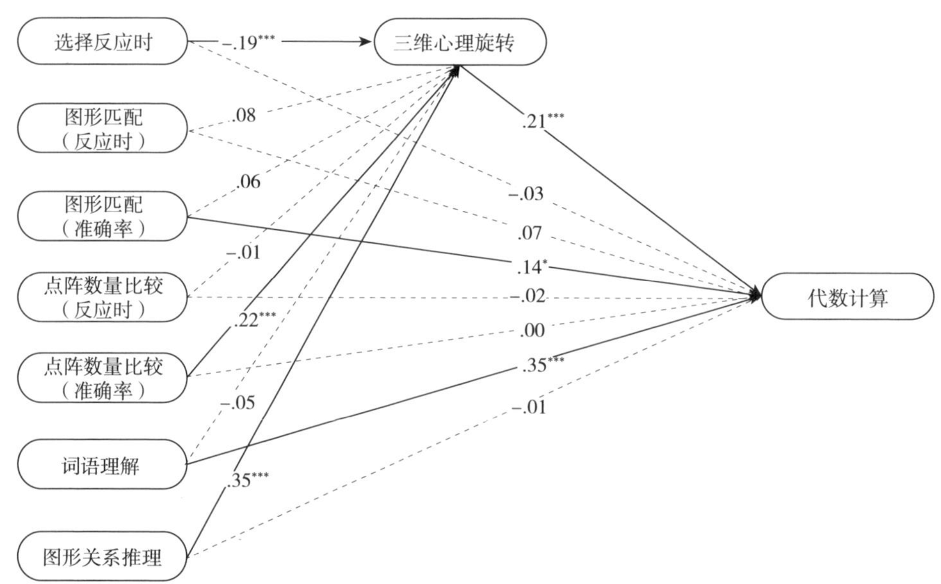

图 3.9 代数计算和相关认知因素的路径分析

对三维心理旋转在图形关系推理与代数计算间的中介效应进行分析，研究结果显示，在控制一般认知能力（简单反应时、图形匹配、点阵数量比较、词语理解）后，图形关系推理得分能显著正向预测三维心理旋转得分（β=.26，p<.001）。当图形关系推理和三维心理旋转都进入回归方程时，图形关系推理得分对代数计算得分的直接预测作用不显著（β=.00，p=.955），而三维心理旋转得分能够显著正向预测代数计算得分（β=.14，p=.003），且中介效应量的 Bootstrap 置信区间不包含 0（[0.02，0.12]），因此，三维心理旋转在图形关系推理和代数计算关系中的完全中介效应显著，中介效应占总效应的比例为 5.07%。通过以上中介效应分析，我们将本实验中所有相关变量的关系用图 3.10 和表 3.4 所示。

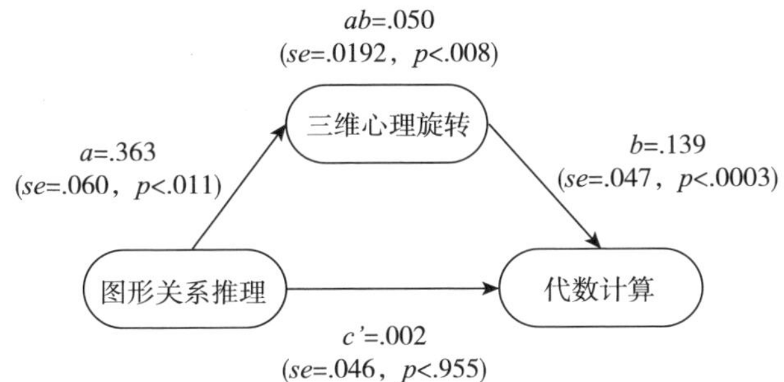

图 3.10 三维心理旋转在图形关系推理和代数计算关系之间的中介效应关系图

注：控制变量包括性别、年龄及一般认知能力。

表 3.4 代数计算中介模型中变量关系的回归分析

回归方程		整体拟合指数			回归系数显着性	
结果变量	预测变量	R	R^2	F	β	t
三维心理旋转	图形关系推理	.55	.30	12.41***	.36	6.02***
	年龄				−.02	−1.23
	性别				−3.32	−3.06**
	选择反应时				−.02	−2.56**
	图形匹配（反应时）				.00	1.63
	图形匹配（准确率）				.05	.78
	点阵数量比较（反应时）				−.03	−2.43*
	点阵数量比较（准确率）				.22	2.97**
	词语理解				.00	.04

续表

回归方程		整体拟合指数			回归系数显着性	
结果变量	预测变量	R	R^2	F	β	t
代数计算	三维心理旋转	.49	.24	7.12***	.14	2.96**
	图形关系推理				−.00	−.06
	年龄				−.00	.08
	性别				−.40	−.51
	选择反应时				−.00	−.41
	图形匹配（反应时）				.00	1.14
	图形匹配（准确率）				.10	2.12*
	点阵数量比较（反应时）				−.00	−.30
	点阵数量比较（准确率）				.00	.07
	词语理解				.27	5.26***

3.1.4 讨论

该研究的目的是对空间能力与代数计算能力之间的关系进行探讨。相关分析发现，空间能力和代数计算能力、算术计算能力二者都存在显著的正相关性；回归分析发现，在控制被试者的性别、年龄、简单反应时、图形匹配、点阵数量比较、词语理解和图形关系推理后，三维心理旋转得分与代数计算得分仍存在显著的正相关，与简单减法得分和复杂减法得分的相关性不显著；中介效应分析发现，在控制被试者的性别、年龄、简单反应时、图形匹配、点阵数量比较、词语理解后，空间能力可以完全中介图形关系推理能力和代数计算能力之间的关系。这些结果说明，空间能力是影响代数计算能力的关键认知因素，并且除了直接影响代数计算之外，它还会影响其他认知能力和代数计算之间的关系。

以往的研究发现，通过数字表达的算术学习能力与空间能力显著相关（e.g.，Berg，2008；Krajewski & Schneider，2009；Wei et al.，2012），小学生的算术能力与心理旋转得分表现出明显的相关性（Zhang et al.，2012)。而在本研究中，同样发现了算术计算和空间能力的高度相关性，但在控制了一般认知因素后这种相关性不显著，这说明空间能力对算术计算能力的作用可能来自其他认知因素的作用。有研究证明了算术计算和语言的相关性，并且证明了算术计算激活了与语言相关的脑区。例如，Fedorenko，Gibson，& Rohde（2007）的研究显示，语言加工和计算加工的关系十分密切，他们发现这两种类型的加工共享着相同的工作记忆资源。此外，计算障碍的儿童常常也伴随着阅读障碍（Jordan，Hanich，& Kaplan，2003；Landerl，Bevan，& Butterworth，2004）。Dehaene 等人（1999）利用行为、fMRI 和 ERP 技术分别证明了算术计算（精算）和语言的关系，行为实验证明语言在精算学习中起了重要作用；fMRI 结果表明，精算更多地激活了与负责语言生成的重要脑区左侧额下回；ERP 的研究结果与脑成像研究类似，精算左侧额下电极处有更大的负波。还有证据表明，相对其他认知能力（如空间能力），语言能力对计算（尤其心算）能力更重要（如 Solan，1987）。因此，在算术计算中，语言策略更多被使用，空间能力对算术计算的作用可能通过影响其他一般认知能力，从而间接地影响算术计算。

以往的研究发现，需要对抽象符号加工的任务和空间能力相关。例如，三维心理旋转能力与高等数学能力有高度的相关性，在控制了瑞文图形推理能力、语言能力等基础认知能力之后，还能观察到它们之间显著的相关性（Wei et al.，2012）。高等数学思维中包含各种数学符号的空间排列表征与操作，因此高等数学和空间能力的高度相关性，在高等数学能力发展过程中发挥着非常重要的作用，可能源自数学抽象符号的空间能力。Jones 和 Burnett（2007）探究了在电脑编程能力（一个与高等数学类似的任务）中空间能力所起的作用，他们发现心理旋转能力与编程能力表现显著的相关性。相比算术计算，代数计算用字母表示，例如，在代数计算中，判断 $a-b-c$ 是否等于 $a-(b+c)$；在数字计算中判断 $9-3-2$ 是否等于 $8-(2+2)$。代数计算并不像算术计算那样计算出一个数字，代数计算需要进行代数式之间的对比、匹配，主要依赖对字母、运算符的空间组织的表征及其操作，从而完成整个加工过程。因此，代数计算和空间能力表现出显著的相关性。

在很多学业成就测试中，推理能力一直成为最重要的预测变量，如美国的大学入学考试（SAT）、研究生入学考试（GRE），这两种重要的考试中就存在着大量的逻辑推理题目。本实验采用的图形推理测验是由瑞文标准推理测验发展而来的，在进行这一测验时，需要根据已有信息发现规律，这也可以视为一种推理过程，所以测验成绩在一定程度上可以说明抽象关系推理能力。以往的研究发现推理能力和数学能力高度相关。例如，在一项数学天才儿童研究中，Kruteckij（1976）发现这些儿童具有诸如高级逻辑推理能力的认知特征，这些高级逻辑推理能力包括数量和空间关系、数字、数学运算和文字符号。本研究发现，推理能力和代数计算存在着显著的相关性，这是因为代数计算中的表达式是由字母表示的，代数式用抽象的字母表示，是代数关系的运算，理解代数之间的关系需要抽象思维能力。回归分析发现，代数计算和图形关系推理能力之间的关系可以完全被空间能力中介，这说明图形关系推理能力通过影响空间能力，继而作用于代数计算能力。已有的研究发现，图形关系推理能力和空间能力高度相关，而空间能力又和代数计算高度相关。因此，图形关系推理能力通过影响空间能力继而作用于代数计算能力。这一结果进一步说明，空间能力在代数计算中起着非常重要的作用，它不仅对空间能力发挥着重要作用，而且还影响其他能力对代数计算能力的作用。

3.2 实验 2：空间能力在代数问题解决中的作用

3.2.1 研究目的

该实验首先验证空间能力是否与代数问题解决存在关系，其次探讨代数问题解决是否比算术问题解决更依赖空间能力，并进一步探究空间能力在图形关系推理和代数问题解决关系中的中介作用。我们采用三维心理旋转测验对个体的空间能力进行考查。

3.2.2　方法

3.2.2.1　被试

该实验选取大学本科生或研究生 240 名，男女各半，年龄为 18～24 岁，平均年龄为 21.3 岁。被试来源分布为北京市内各层次高校（包括 985、211、一般本科和专科学校），以保证被试取样具有代表性。参加实验的被试均为右利手，视力或矫正视力正常，无精神或神经疾病史。所有被试在了解了有关的实验步骤之后，签署知情同意书并承诺自愿参加实验。

3.2.2.2　程序

实验程序同 3.1.2.2。

3.2.2.3　任务

所有测验通过心理学网络平台（www.dweipsy.com）完成。该实验采用的实验任务包括三维心理旋转、简单反应时、图形匹配、点阵数量比较、词语理解、图形关系推理。此外我们引入了代数问题解决、算术问题解决，用来测量个体的代数问题解决能力和算术问题解决能力。部分实验的具体任务介绍及计分方法详见实验 1。

代数问题解决：该测验限时 3 分钟，使用英文字母表征数量的代数问题解决有两种难度，即需要 1 步解决的应用题（如小明有 a 支铅笔，小华有 b 支铅笔，两个人一共有多少只铅笔?）［如图 3.11（a)］和需要 2 步解决的应用题（如小明有 a 支铅笔，小华有 b 支铅笔，小明分给小华几支后两个人的铅笔就一样多了?）［如图 3.11（b)］。以上应用题都是我国中小学教学大纲中要求掌握的内容。在该测验任务中，一道应用题将会呈现在屏幕上，屏幕下方会呈现两个备选项，假如左边是正确结果，则被试用左手食指快速地按“Q”键进行反应；如果右边是正确结果，被试需要用右手食指快速地按“P”键进行反应。被试按键后，刺激消失，进行下一个刺激。

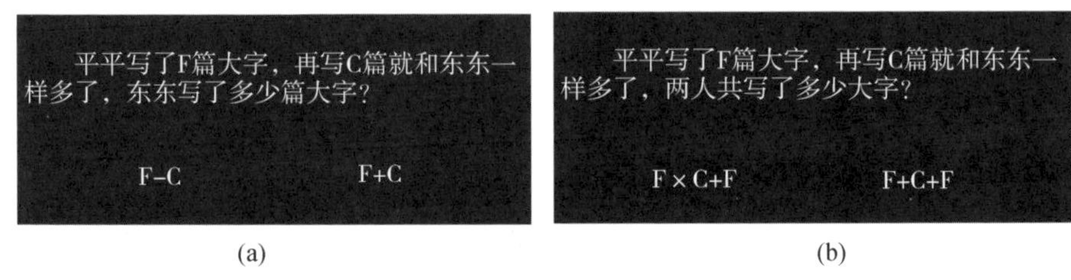

(a) (b)

图 3.11 代数问题解决测验刺激示意图

算术问题解决：该测验限时 3 分钟，使用阿拉伯数字表征数量的算术问题解决有两种难度，即需要 1 步解决的应用题（平平写了 6 篇大字，再写 3 篇就和东东一样多，东东写了多少篇大字?）[如图 3.12（a)] 和需要 2 步解决的应用题（平平写了 6 篇大字，再写 3 篇就和东东一样多，两人共写了多少篇大字?）[如图 3.12（b)]。以上应用题都是我国中小学教学大纲中要求掌握的内容。在该测验任务中，一道应用题将会呈现在屏幕上，屏幕下方会呈现两个备选项，假如左边是正确结果，则被试需用左手食指迅速地按“Q”键进行反应；如果右边是正确结果，被试需要用左手食指快速地按“P”键进行反应。被试按键后，刺激消失，进行下一个刺激。

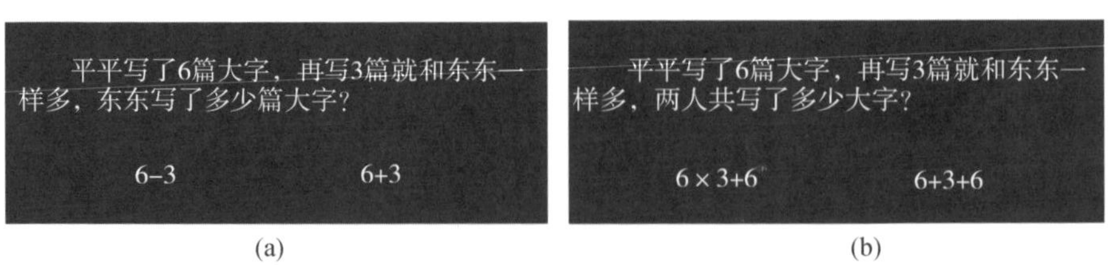

(a) (b)

图 3.12 算术问题解决测验刺激示意图

3.2.2.4　数据分析

该研究首先采用 SPSS 20.0 对代数问题解决、算术问题解决和其他认知因素进行相关分析、回归分析；然后，使用 SPSS Amos 20 软件建立代数问题解决和其他认知因素的路径分析模型；最后，采用 Hayes（2012）编制的 SPSS 中介效应分析插件，对一般认知能力（简单反应时、图形匹配、点阵数量比较、词语理解）进行控制后，对三维心理旋转能力是否在图形关系推理能力和代数问题解决能力的关系中产生中介作用进行检验，具体方法过程同实验 1。

3.2.3　结果

3.2.3.1　代数问题解决与一般认知因素的相关分析

表 3.5 为所有任务的描述性统计，包括统计指标、平均值和标准差。表 3.6 为所有任务内部之间的相关性。研究结果发现，代数问题解决和算术问题解决与大部分一般认知能力呈显著的正相关性。三维心理旋转得分与两者得分都和存在显著的相关性（代数问题解决：$r=.32$，$p<.001$；算术问题解决：$r=.31$，$p<.001$）。

表 3.5　各个任务的平均分数和标准差

任务	统计指标	平均值（标准差）
1. 代数问题解决	校正分数	23.8（7.0）
2. 算术问题解决	校正分数	26.9（6.5）
3. 三维心理旋转	校正分数	27.3（7.6）
4. 图形关系推理	校正分数	27.7（6.5）
5. 选择反应时	反应时	361.1（72.7）
6. 图形匹配	反应时	887.6（157.9）
	正确率	64.9（26.2）
7. 点阵数量比较	反应时	523.4（90.4）
	正确率	72.1（18.4）
8. 词语理解	校正分数	38.8（8.4）

表 3.6 各个任务之间的相关性

任务名称	1	2	3	4	5	6	7	8	9
1. 代数问题解决	—								
2. 算术问题解决	.72***	—							
3. 三维心理旋转	.32***	.31***	—						
4. 图形关系推理	.38***	.42***	.32***	—					
5. 选择反应时	—.07	—.12	—.15*	—.14*	—				
6. 图形匹配（反应时）	—.04	.00	—.11	.09	.12	—			
图形匹配（准确率）	.20**	.28**	.18**	.37***	—.07	.54***	—		
7. 点阵数量比较（反应时）	.06	.09	.12	.06	.18**	.55***	.39***	—	
点阵数量比较（准确率）	.10	.11	.25***	.29***	—.02	.37***	.45***	.39***	—
8. 词语理解	.25***	.27***	.20**	.32***	—.08	.15*	.27***	.24**	.26***

注：表中数值代表相关系数；* $p<.05$；** $p<.01$；*** $p<.001$。

3.2.3.2 空间能力对代数问题解决的预测作用分析

表 3.7 为空间能力对代数问题解决能力和算术问题解决能力的预测，结果显示，在控制了一般认知能力（简单反应时、图形匹配、点阵数量比较、词语理解）和抽象推理能力（图形关系推理）后，代数问题解决得分、算术问题解决得分和三维心理旋转得分仍存在显著的正相关性（代数问题解决：$\beta=.21$，$p=.002$；算术问题解决：$\beta=.20$，$p=.003$）。

表 3.7 不同任务对代数问题解决、算术问题解决作用的回归分析

预测变量	步骤 1	步骤 2	步骤 3
	β	β	β
代数问题解决			
年龄	.12	.12	.12
性别	.16*	.15*	.17*
选择反应时	—	—.04	—.02
图形匹配（反应时）	—	—.23***	—.13**

续表

预测变量	步骤 1	步骤 2	步骤 3
	β	β	β
图形匹配（准确率）	—	.25***	.21**
点阵数量比较（反应时）	—	.05	.01
点阵数量比较（准确率）	—	−.03	−.09
图形关系推理	—	.29***	.23**
词语理解	—	.19**	.17**
三维心理旋转	—		.21**
	R^2=.02	ΔR^2=.17***	ΔR^2=.03***
算术问题解决			
年龄	.08	.08	.08
性别	.12	.11	.13*
选择反应时	—	−.09	−.07
图形匹配（反应时）	—	−.23***	−.14**
图形匹配（准确率）	—	.33***	.29***
点阵数量比较（反应时）	—	.08	.04
点阵数量比较（准确率）	—	−.05	−.10
图形关系推理	—	.32***	.27**
词语理解	—	.19**	.16**
三维心理旋转	—		.20**
	R^2=.02	ΔR^2=.22***	ΔR^2=.03***

注：* $p<.05$；** $p<.01$；*** $p<.001$。

3.2.3.3　三维心理旋转在图形关系推理和代数问题解决关系中的中介作用

图 3.13 为所有任务内部之间的路径分析图，该模型具有良好的拟合度，其中，χ^2（6）= 8.63，p=.195，CFI=.994，SRMR=.029。结果发现，代数问题解决得分和三维心理旋转得分存在显著的相关性（β=.19，p=.002），同时代数问题解决得分和图形关系推理得分的相关性也

很显著（β=.27，p<.001）。因此我们进一步进行中介模型分析，探讨空间能力在图形关系推理对代数问题解决影响中的中介作用。

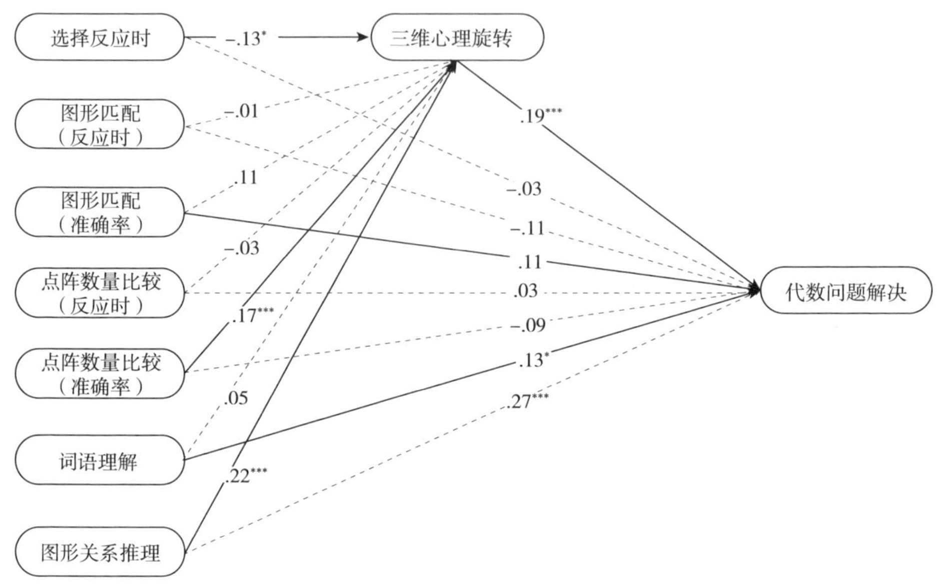

图 3.13　代数问题解决和相关认知因素的路径分析

对三维心理旋转在图形关系推理与代数问题解决中的中介效应分析的结果显示，在控制一般认知能力（简单反应时、图形匹配、点阵数量比较和词语理解）后，图形关系推理得分能显著正向预测三维心理旋转得分（β=.29，p<.001）。当图形关系推理和三维心理旋转都进入回归方程时，图形关系推理得分和三维心理旋转得分对代数问题解决得分的直接预测作用都很显著（分别为β=.25，p=.001；β=.19，p=.002），且中介效应量的Bootstrap置信区间不包含0（[0.02，0.10]）。因此，三维心理旋转在图形关系推理和代数问题解决关系中的部分中介效应显著，中介效应占总效应的比例为5.44%（如表3.8所示）。通过以上中介效应分析，我们将本实验中所有相关变量的关系用图3.14和表3.8表示。

表 3.8　代数问题解决中介模型中变量关系的回归分析（三维心理旋转）

回归方程		整体拟合指数			回归系数显著性	
结果变量	预测变量	R	R^2	F	β	t
三维心理旋转	图形关系推理	.49	.24	7.89***	.29	3.62***
	年龄				−.00	−.32
	性别				−1.96	−2.10*
	选择反应时				−.01	−1.15
	图形匹配（反应时）				−.02	−4.55***
	图形匹配（准确率）				.03	1.24
	点阵数量比较（反应时）				.02	2.60*
	点阵数量比较（准确率）				.08	2.67**
	词语理解				.06	1.03
代数问题解决	三维心理旋转	.48	.27	6.92***	.19	3.11**
	图形关系推理				.25	3.32***
	年龄				.02	1.50
	性别				1.66	1.89
	选择反应时				−.00	−.02
	图形匹配（反应时）				−.01	−1.46
	图形匹配（准确率）				.03	1.65
	点阵数量比较（反应时）				.00	.52
	点阵数量比较（准确率）				−.04	−1.50
	词语理解				.10	2.26*

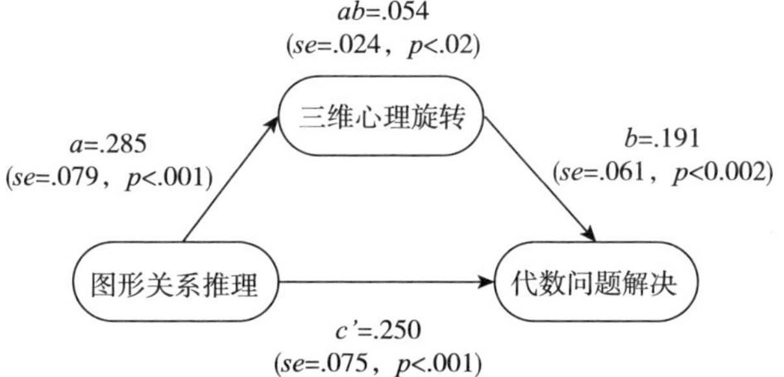

图 3.14　三维心理旋转在图形关系推理和代数问题解决关系中的中介效应关系图

注：控制变量包括性别、年龄及一般认知能力。

3.2.4 讨论

该实验主要探讨了空间能力与代数问题解决能力、算术问题解决能力的关系。相关分析发现，被试的三维心理旋转得分与代数问题解决得分和算术问题解决得分都存在显著正相关性；回归分析发现，在控制被试的性别、年龄、简单反应时、图形匹配、点阵数量比较、词语理解后，三维心理旋转得分与代数问题解决得分和算术问题解决得分仍然存在显著的正相关性；中介效应分析发现，在控制被试的性别、年龄、简单反应时、图形匹配、点阵数量比较、词语理解后，空间能力部分中介图形关系推理能力和代数问题解决之间的关系。这些结果说明，空间能力是影响代数问题解决的关键认知因素，空间能力在代数问题解决和算术问题解决中同样起着重要的作用。

空间能力同时是影响代数问题解决和算术问题解决的关键认知因素。以往的数学问题解决没有区别代数和算术在其中发挥的作用，但同样发现了空间想象力对数学应用题的解决能力起着十分重要的作用（Hegarty，Mayer，Richard，Monk，&Christopher，1995；Hegarty，Kozhevnikov，&Maria，1999）。例如，Hegarty（1999）的研究发现，与形象化的描述比较，图解表征的应用题更能促进数学应用题的解决，这说明空间能力在数学问题解决中发挥着重要的作用。另外，与算术计算和代数计算与空间能力的关系不同，空间能力同样在代数问题解决和算术问题解决中扮演着重要角色，这说明问题解决和空间能力的紧密关系不是由数字和字母导致的，而是由代数问题解决的问题表征决定的，因为在数学问题解决的问题表征过程中，空间能力扮演了重要的角色（Krute tS Kiĭ，1976）。

本研究发现，在控制被试的性别、年龄、简单反应时、图形匹配、点阵数量比较后，词语理解与代数问题解决和算术问题解决仍存在着显著的正相关性。这说明在问题解决中，问题的语义理解同样重要，空间策略也许不是解决代数问题和算术问题的唯一途径。Penrose 和 Gardner（1999）指出，一些职业数学家也可能采用语言策略解决数学问题。因此，语言能力在问题解决中也发挥着重要作用。一方面，无论代数应用题还是算术应用题都需要阅读，而阅读能力与算术能力相关。例如，Lee 等人（2004）发现 10 岁儿童的读写能力（阅读、拼写、理解和词汇）与算术能力存在着高相关性，其相关系数为 0.59。Koponen 等人（2007）发现五年级儿童的文本阅读能力和计算流畅性显著相关（$r=0.49$）。另一方面，数学问题解决中涉及的数学概念需要依赖语言认知活动。例如，Zhang 等人（2012）在实验中要求参与者完成基于语义距离判断任务或数字匹配任务。语义距离判断任务为从两个概念中选出一个在语义上与目标概念最接近的选项，这些概念涉及数学、语言和日常工具。结果发现，在加工数学概念（如奇数、小数、分数）时，大脑激活不在数字加工的顶叶，而是与一般语言加工脑区相同的颞叶区域。

已有的研究发现，推理能力是影响数学应用题解决的关键能力之一（Mary L. Gick，Holyoak，& Keith，1996；James G. Greeno，Simon，& Herbert，1988；David H. Jonassen，Hernandez-Serrano & Julian，2002）。这是因为，解决数学应用题需要在理解题目表述场景的基础上，对各个事件发生的时间顺序乃至事件的作用者与被作用者的关系进行逻辑分析，在理清脉络之后才可以进行关系运算，得到答案，因此推理能力是影响数学应用题解决的关键能力之一。回归分析发现，空间能力（包括三维心理旋转和图形展开）不能完全中介图形关系推理和代数问题解决之间的关系，这说明空间能力和推理能力共同对代数问题解决发挥着关键的作用。数学问题解决是一个复杂的过程，在此过程中个体需要借助基本数学知识，通过数学定律、规则加以推理，最终得出问题的最终结果。以往的研究也发现，数学问题解决受到了多种关键认知能力的影响，如语言理解能力（Erik De Corte，Verschaffel，Lieven，De Win，& Luc，1985；Denise

Dellarosa Cummins et al., 1988; Leblanc, Russell & Sylvia, 1996; Wheeler, Regian, & Wesley, 1999)、空间能力(Hegarty, Mayer, Richard, Monk, & Christopher, 1995; Hegarty, Kozhevnikov, & Maria, 1999)、推理能力(Gick, Holyoak, & Keith, 1996; Greeno, Simon, & Herbert, 1988; Jonassen, Hernandez-Serrano, & Julian, 2002)、基本数学能力(Briars & Jill, 1984; Depaepe, De Corte, & Verschaffel, 2010; Verschaffel, Dooren, Greer, & Mukhopadhyay, 2010)等基本认知能力。但这些研究并没有揭示影响数学问题的各个不同认知因素之间的关系。更没有揭示用纯粹字母表示代数问题解决的核心认知因素以及其关系，本研究的结果表明，空间能力和图形推理能力分别作用于代数问题解决能力。

第4章

代数学习中空间能力作用的认知机制研究：眼动研究

通过研究一我们发现，空间能力是代数学习的关键认知因素，并发现空间能力对代数计算和代数问题解决作用的不同，具体表现为代数计算比算术计算需要更多的空间能力，而代数问题解决和算术问题解决对空间能力的需求未表现出差异。本研究将采用眼动方法，对比代数学习和算术学习心理表征的特点，从而探究代数表征是否比算术表征需要更多的空间资源。

4.1 实验3：代数计算的眼动研究

4.1.1 研究目的

该实验的主要目的是通过眼动指标来考察代数计算和算术计算心理表征的特点，探究代数计算加工是否比算术计算加工需要更多的空间资源。我们采用匹配范式进行代数计算和算术计算任务，通过分析被试在完成任务的过程中的眼动情况，来考察两者对空间资源需求的差异。其中分析的眼动指标包括相对于基线位置的水平眼跳距离、垂直眼跳距离；兴趣区的总注视次数、第一次注视次数、回视次数、总注视时间等。

4.1.2 方法

4.1.2.1 被试

该实验对象为北京师范大学 24 名大学生，男女各半，他们的年龄为 18～24 岁，平均年龄为 20.7 岁。所有被试者的裸眼视力或矫正视力正常，均是右利手并且没有精神方面的疾病历史。所有被试者在了解了有关的实验步骤之后，签署了此实验的知情同意书并承诺自愿参加实验。

4.1.2.2 实验材料

该实验运用代数计算（用英文字母和四则运算符表达的算式，如 $a-b-c$）与算术计算（用阿拉伯数字和四则运算符表达的算式，如 9－3－2）作为实验的研究材料，包括交换律（如 $a+b=b+a$）、结合律［如 $a-b-c=a-(b+c)$］和分配律［如 $a\times(b+c)=a\times b+a\times c$］。代数、算术计算任务是通过按键判断屏幕左边和右边呈现的两个式子是否相等［如 $a-b-c$ 和 $a-(b+c)$ 是否相等，或者 9－3－2 和 8－(2＋2) 是否相等］。所有的材料均为黑底白字的图片，匹配文字长度、列式长度、运算符和运算术个数、任务难度，举例见图 4.1。

4.1.2.3 实验仪器与程序

该实验采用 SR Research 公司的 EyeLink 1000 型眼动仪，其采样频率为 1000 赫兹。该设备通过 Internet 连接了两台台式电脑：第一台的用途是对实验刺激材料进行展示，第二台的用途是对眼动数据进行记录。被试端坐在电脑前，其头部放在支架上，和呈现刺激的电脑距离为 70 厘米。正式开始前，需要调整眼球与眼动仪镜头的距离，同时对被试的头部位置和视线进行调整，保证其瞳孔与屏幕刺激的位置适当。在实验中，我们等待右眼瞳孔相应的位置距离调整好后，开始追踪记录右眼瞳孔的运动轨迹。

本实验采用个别施测的方法进行测验。在整个实验开始之前，每个被试需在与上述大小一样的台式电脑前完成 6 道题目。被试在了解了整个测验的内容以及流程后，进入眼动实验室。我们安排被试坐在眼动仪前的椅子上，让被试把头部放在支架上，并保持好姿势。之后，主试通过头架将被试的头部固定好，然后对被试说明本次测验的一些详细要求。

本实验通过 E-Prime（Version 1.4.1）软件呈现实验程序，采用匹配范式要求被试进行代数、算术计算任务，同时记录被试的眼动轨迹。本实验采用组间实验设计，含 8 个 block；每个 block 中含 8 个刺激；Block 采用 2 种顺序循环设计：奇数被试顺序为 1—2—2—1—1—2—2—1，偶数被试顺序为 2—1—1—2—2—1—1—2。对于每个刺激，屏幕中央首先呈现 500 毫秒指示符+，接着出现刺激 5500 毫秒，被试做出按键反应，随后呈现 500ms 空屏，空屏结束后呈现下一个刺激的指示符。总时长约 7 分钟（1 个 trial 为 6.5 秒，64 个 trial 为 416 秒），实验流程图如图 4.1 所示。

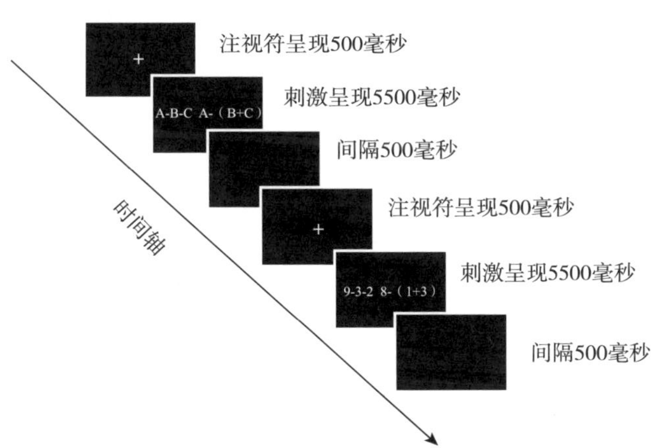

图 4.1　代数计算眼动实验流程图

4.1.2.4　数据分析

第一，对个体的眼跳进行数据处理。我们首先对眼跳有关的数据进行预处理。我们针对指示符出现前的 1000 毫秒到出现后的 5000 毫秒这段时间出现的眼动数据，分析其运动轨迹。首先以瞳孔在注视符出现前 100 毫秒内的平均值作为基线位置，接着根据该基线位置校正每个刺激，同时，为了减少实验误差，我们去掉那些位置平均值在 150 像素之外的数据。最后，分别对代数计算和算术计算两种条件下的数据进行相关统计，记录被试水平方向和垂直方向的眼动轨迹，并根据被试的反应，选取每一个刺激进行的时间窗口，然后计算被试者在水平方向上眼跳距离的平均值以及其在垂直方向上眼跳距离的平均值，并通过相关样本 t 检验的方法对两种条件进行差异分析。

第二，对个体感兴趣区进行分析。根据题干和选项设置相应的兴趣区，提取眼动注视时间和注视点次数，用 EyeLink 1000 自带的数据分析软件进行预处理，然后通过 SPSS 20.0 对数据进行统计分析。本研究根据实验材料的性质和实验的需要，将代数计算或算术计算左边呈现的算式设为“兴趣区 1”，将代数计算或算术计算右边呈现的算式设为“兴趣区 2”。其统计指标包括第一次注视时间（first fixation duration）、回视注视时间（fixation count）、回视注视次数、总注视时间（fixation time）。

第一次注视时间：被试第一次进入该兴趣区域到离开该兴趣区域所用的时间。一般而言，这一时间越长，说明被试对该区域的信息处理越充分。回视注视时间：被试第二次注视该区域所用的时间。这一参数反映了被试对该区域的关注程度，信息处理的程度，以及这个兴趣区的重要性。回视注视次数：被试关注的总次数。总注视时间：被试关注所用的总时间。这两个参数反映了被试对该区域的关注程度、信息处理的程度，以及这个兴趣区的重要性；这两个时间越长，说明信息的处理越到位。

4.1.3 结果

4.1.3.1 行为结果

代数计算任务和算术计算任务的错误率分别为 9.82%和 9.23%，平均反应时为 2930 毫秒和 2897 毫秒。重复测量方差分析结果显示，两种任务在正确率和反应时上均无显著差异［错误率，$F(1, 23)=1.32$，$p>.05$；反应时，$F(1, 23)=1.02$，$p>.05$］。

4.1.3.2　眼动数据结果

图 4.2 是代数计算和算术计算刺激后被试在水平方向上的眼动轨迹，可以发现，在刺激呈现 约 850 毫秒后，两种条件下的眼动轨迹出现分离现象，具体体现为：代数计算表现为更大水平眼跳距离，而算术计算相对更小些。从图 4.2 我们可以看出，在 500～3000 毫秒这段时间窗口，被试进行代数计算和算术计算的心理表征得以体现，所以我们选取这段时间进行统计分析。在这段时间内，我们计算所有被试的两种条件刺眼跳距离的平均值。结果表明，被试在进行代数计算时，其平均值为 95.04 像素，对应的标准差为 21.09；被试在进行算术计算时，眼跳距离的平均值为 56.51 像素，对应的标准差为 16.95。经过相关样本 t 检验后发现，两种条件下的水平眼跳距离差异显著［$t(23)=9.87$，$p<.001$］，说明被试代数计算比算术计算在水平方向上表现出更大的眼跳距离。

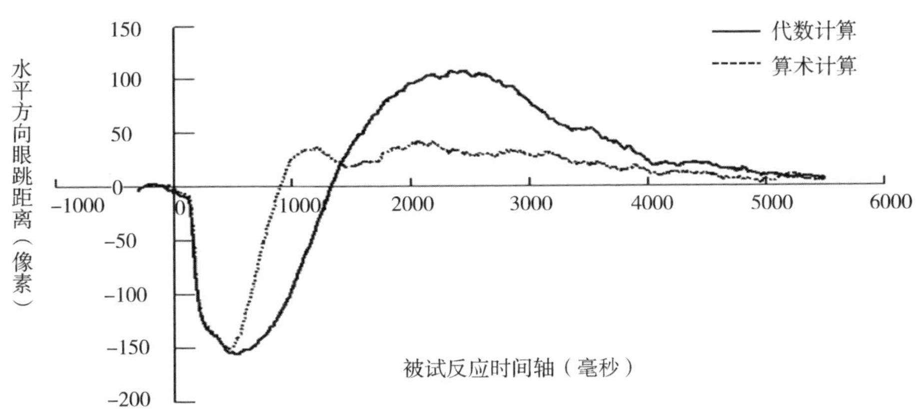

图 4.2　被试水平方向眼动轨迹图

图 4.3 是代数计算和算术计算刺激后垂直方向的眼动轨迹。两种任务下，垂直眼动分离趋势不明显。和水平眼动分析一致，我们同样选取 500～

3000毫秒这段时间进行统计分析。在这段时间内，我们计算所有被试在两种条件刺激下垂直眼跳距离的平均值。结果显示，被试在进行算术计算时，其眼跳距离的平均值为39.68像素，标准差为29.63；被试在进行代数计算时，眼跳距离的平均值为35.26像素，标准差为23.85。经过相关样本t检验后发现，两种任务的垂直眼跳距离差异不显著［$t(23)=1.01$，$p=.33$］，说明被试在进行代数计算和算术计算时，在垂直方向上眼跳距离没有差异。

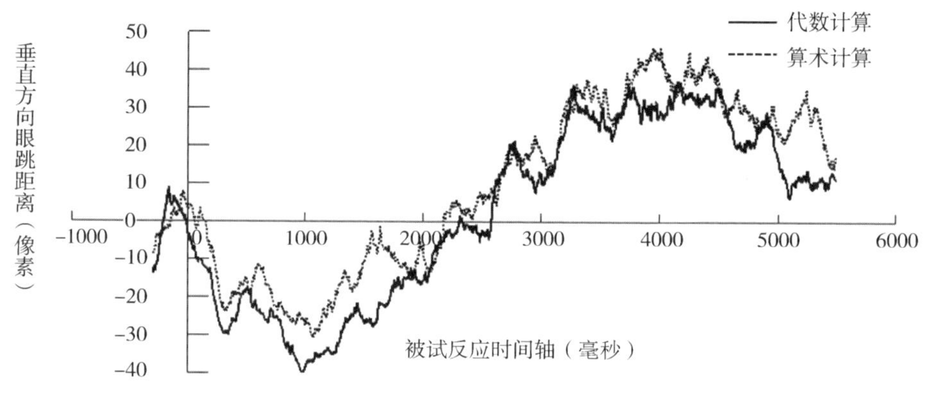

图4.3　被试垂直方向眼动轨迹图

表4.1为代数计算任务和算术计算任务兴趣区眼动数据。我们通过方差分析来探究代数计算任务和算术计算任务兴趣区上眼动模式的差异。

在“兴趣区1”上，代数计算任务的回视次数［$F(1, 23)=130.68$，$p<0.001$］、总注视次数［$F(1, 23)=4.94$，$p<.05$］显著高于算术计算任务。算术计算任务的第一次注视持续时间［$F(1, 23)=4.81$，$p<0.05$］显著高于代数计算任务。代数计算任务和算术计算任务在总注视时间上不存在差异。

在“兴趣区2”上，代数计算任务的回视注视次数显著高于算术计算任务［$F(1, 23)=168.564$，$p<0.001$］。代数计算任务和算术计算任务在总注视时间、第一次注视持续时间、总注视次数上不存在差异。

表 4.1　各个任务兴趣区眼动指标比较（$M\pm SD$）

眼动指标	兴趣区	代数计算	算术计算	F
第一次注视持续时间	1	253.58±136.38	270.97±160.66	4.81*
回视注视次数		1.66±1.08	1.11±0.77	130.68***
回视注视次数		5.45±3.06	5.15±2.67	4.94*
总注视时间		1492.01±957.63	1439.91±826.88	1.302
第一次注视持续时间	2	330.62±143.26	347.94±158.6	2.768
回视注视次数		1.34±0.93	0.71±0.55	168.564***
回视注视次数		4.82±2.85	4.80±2.53	0.02
总注视时间		1473.94±927.51	1495.08±856.13	1.302

注：* $p<.05$；** $p<.01$；*** $p<.001$。

4.1.4　讨论

该实验通过被试者在代数计算和算术计算任务中的眼动情况，考察代数计算是否比算术计算需要更多的空间加工。结果显示，代数计算任务的水平眼跳距离、回视注视次数、总注视次数显著高于算术计算任务，而算术计算任务在第一次注视持续时间显著高于代数计算任务。这一结果验证了我们的假设：代数计算比算术计算涉及更多的空间加工；而算术计算比代数计算涉及更多的语言加工。

空间能力和眼动紧密相关（Idzkowski et al.，1986），眼动的轨迹发现了个体在接收刺激后，会存储注视点的顺序，形成扫描路径的空间模型（Norton & Stark，1964，1971）。本实验的行为结果表明，代数计算任务和算术计算任务之间在准确率和反应时上都不存在差异，从而排除了任务难度对眼动模式的影响。同时，眼动的轨迹体现了代数计算任务和算术计算任务加工的过程，本研究发现代数计算比算术计算需要更大水平距离的眼跳，在垂直眼跳距离上两者未表现出差异。这说明和算术计算相比，代数计算加工过程比算术计算加工形成了水平方面更大范围的空间模型。已有行为研究发现，组成代数式的字母具有空间表征特征（Gevers，Reynvoet, & Fias, 2003; Badets, Boutin, & Heuer, 2015; McCrink, Shakib, & Berkowitz, 2014)。已往的研究发现，数字表征在“心理数轴”上，同时组成代数式的字母也在“心理数轴”上（Gevers, Reynvoet, & Fias, 2003; Badets, Boutin, & Heuer, 2015; McCrink, Shakib, & Berkowitz, 2014)。虽然代数计算加工和算术计算加工同样是在“心理数轴”上进行操作，但是在代数计算加工过程中，代数式不可压缩没有涉及字母数量的变化，而在算术计算过程中，算术式会计算出一个数字，数字的数量在减少。所以，代数计算加工过程在水平方向比算术计算加工涉及更大范围的空间距离。

眼动同样表明个体在空间信息方面的关注程度（Corbetta et al., 1998; Nobre, Gitelman, Dias, & Mesulam, 2000; Sheliga et al., 1994)。神经影像学也发现，个体的认知加工对视空间注意的需求越大，其空间加工相关的顶叶皮层后部的激活越强（Yantis et al., 2002)。代数计算任务的回视注视次数、总注视次数显著高于算术计算任务，这说明与算术计算相比，代数计算的过程需要反复比较两个代数式的关系，通过对字母、运算符的空间组织表征及其操作完成整个加工过程，因此，代数学习比算术学习涉及更多的空间操作。相反，算术计算任务的第一次注视持续时间显著高于代数计算任务，这是因为算术计算在接收到算术式的刺激后，计算出一个数字存储在工作记忆中，这个过程涉及更多的语言加工，这是因为语言加工和计算加工存在紧密的关系，这两种类型的加工共享相同的工作记忆资源（Fedorenko, Gibson, & Rohde, 2007)。

4.2 实验4：代数问题解决的眼动研究

4.2.1 研究目的

该实验的主要目的是通过眼动指标来考察代数问题解决和算术问题解

决心理表征的特点，探究代数问题解决表征是否比算术问题解决表征需要更多的空间资源。我们采用匹配范式进行代数问题解决和算术问题解决任务，通过分析被试在完成任务的过程中的眼动情况，来考察两者对空间资源需求的差异，其中分析的眼动指标包括相对于基线位置的水平眼跳距离、垂直眼跳距离；兴趣区的总注视次数、第一次注视次数、回视次数、总注视时间等。

4.2.2　方法

4.2.2.1　被试

该实验对象为北京师范大学 24 名大学生，男女各半，他们的年龄为 18～24 岁，平均年龄为 21.2 岁。所有被试的裸眼视力或矫正视力正常，均是右利手并且没有精神方面的疾病历史。所有被试在了解了有关的实验步骤之后，签署了此实验的知情同意书并承诺自愿参加实验。

4.2.2.2　实验材料

该实验运用两种实验材料，即代数问题解决和算术问题解决。该实验使用英文字母表征的代数问题解决与使用阿拉伯数字表征数量的算术应用题，分别有两种难度，即需要 1 步解决的应用题（如小明有 a 支铅笔，小华有 b 支铅笔，两个人一共有多少支铅笔？或者小明有 9 支铅笔，小华有 3 支铅笔，两个人一共有多少支铅笔?）和需要 2 步解决的应用题（如小明有 a 支铅笔，小华有 b 支铅笔，小明分给小华几支后两个人的铅笔就一样多了？或者小明有 9 支铅笔，小华有 3 支铅笔，小明分给小华几支后两个人的铅笔就一样多了?)。以上应用题都是我国中小学教学大纲中要求掌握的内容。所有的材料均为黑底白字的图片，匹配文字长度、列式长度、运算符和运算术个数、任务难度，举例见图 4.3。

4.2.2.3　实验仪器与程序

该实验采用 SR Research 公司的 EyeLink 1000 型眼动仪。仪器与参数设定与实验 3 相同。实验程序使用 E-Prime（Version 1.4.1）软件呈现。实验采用匹配范式，要求被试完成代数、算术问题解决任务，同时记录被试的眼动轨迹。本实验采用区组实验设计，含 8 个 block；每个 block 中含 8 个刺激；Block 采用 2 种顺序循环设计：奇数被试顺序为 1—2—2—1—1—2—2—1，偶数被试顺序为 2—1—1—2—2—1—1—2。对于每个刺激，屏幕中央首先呈现 500 毫秒指示符“+”，接着出现刺激 8000 毫秒，被试做出按键反应，随后呈现 500 毫秒空屏，空屏结束后呈现下一个刺激的指示符。总时长约 7 分钟（1 个 trial 为 6.5 秒，64 个 trial 为 416 秒），流程图如图 4.4 所示。

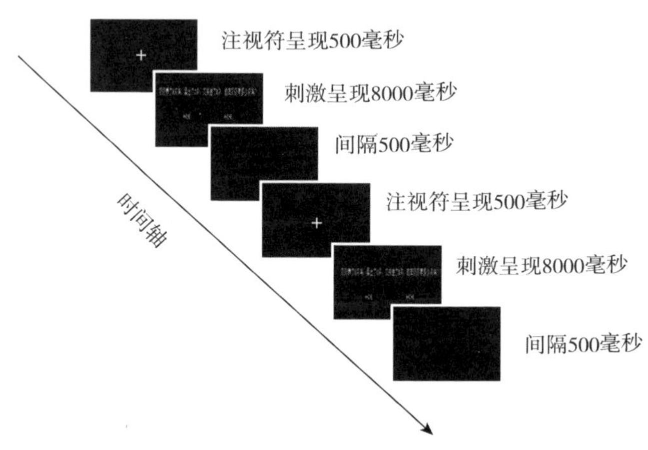

图 4.4 代数问题解决眼动实验流程图

4.2.2.4 数据分析

第一，对个体的眼跳进行分析。对于每个刺激，选取指示符出现前的 1000 毫秒到出现后的 8000 毫秒这段时间的眼动数据，分析其运动轨迹。其他数据处理方法同实验 3。

第二，对个体感兴趣区进行分析。本研究根据实验材料的性质和实验需要，将代数问题解决或算术问题解决的题干设为“兴趣区 1”，将代数问题解决或算术问题解决的备选答案设为“兴趣区 2”。兴趣区的统计指标包括第一次注视时间、回视注视次数、总注视时间。其他处理方法同实验 3，统计指标介绍见 4.1.2.4。

4.2.3 结果

4.2.3.1 行为结果

两步代数问题解决任务、两步算术问题解决任务、一步代数问题解决任务、一步算术问题解决任务的错误率分别为 9.73%、9.54%、9.23% 和 9.07%，平均反应时为 4093 毫秒、3994 毫秒、3098 毫秒和 3011 毫秒。重复测量方差分析发现，两步代数问题解决任务、两步算术问题解决任务在正确率和反应时上均无显著差异［错误率，$F(1, 23)=1.03$，$p>.05$；反应时，$F(1, 23)=1.31$，$p>.05$］；一步代数问题解决任务、一步算术问题解决任务在正确率和反应时上均无显著差异［错误率，$F(1, 23)=1.13$，$p>.05$；反应时，$F(1, 23)=1.23$，$p>.05$］。

4.2.3.2 眼动数据结果

图 4.5 是两步代数问题解决和两步算术问题解决刺激后被试水平方向的眼动轨迹。从中可以发现，被试在完成两种任务时，水平眼跳未表现出分离的趋势。从图 4.5 中我们可以看出，在 500～4000 毫秒这段时间窗口，被试者完成两步代数问题解决和两步算术问题解决的心理表征得以体现，所以我们选取这段时间进行统计分析。在这段时间内，我们计算所有被试在两种条件刺激下眼跳距离的平均值。结果表明，被试在完成两步代数问题解决任务时，其水平眼跳距离的平均值为 81.40 像素，标准差为 25.37；被试在完成两步代数问题解决任务时，水平眼跳距离的平均值为 83.44 像素，标准差为 36.85。经过相关样本 t 检验后发现，两种任务下被试的水平眼跳距离不显著［$t(23)=-.38$，$p=.70$］，说明被试在完成两步代数问题解决任务和两步算术问题解决任务时，水平方向的眼跳距离没有差异。

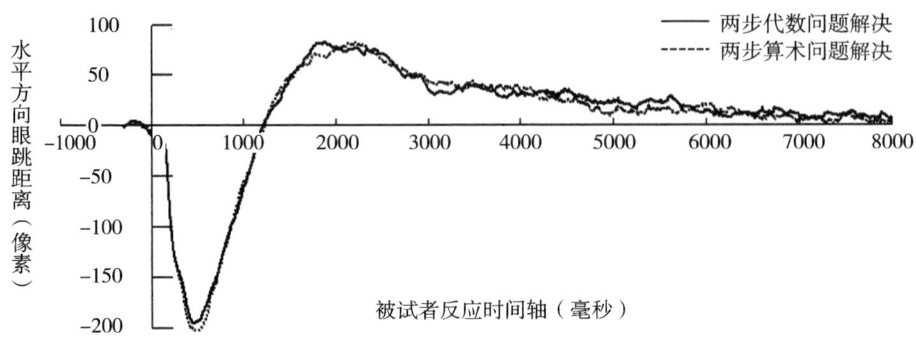

图 4.5　被试水平方向眼动轨迹图（两步）

图 4.6 是两步代数问题解决和两步算术问题解决刺激后被试垂直方向的眼动轨迹，从中可以发现，被试者在完成两种任务时，水平眼跳未表现出分离的趋势。和水平眼动分析一致，我们同样选取 500～4000 毫秒这段时间进行统计分析。在这段时间内，我们计算所有被试在两种条件刺激下眼跳距离的平均值。结果显示，被试者在完成两步代数问题解决任务时，其垂直眼跳距离的平均值为 82.09 像素，标准差为 27.93；被试在完成两步代数问题解决任务时，垂直眼跳距离的平均值为 85.39 像素，标准差为 35.13。经过相关样本 t 检验后发现，两种条件下眼跳距离差异不显著 [$t(23)=-.51$，$p=.62$]，说明被试在完成两步代数问题解决任务和两步算术问题解决任务时，垂直方向的眼跳距离没有差异。

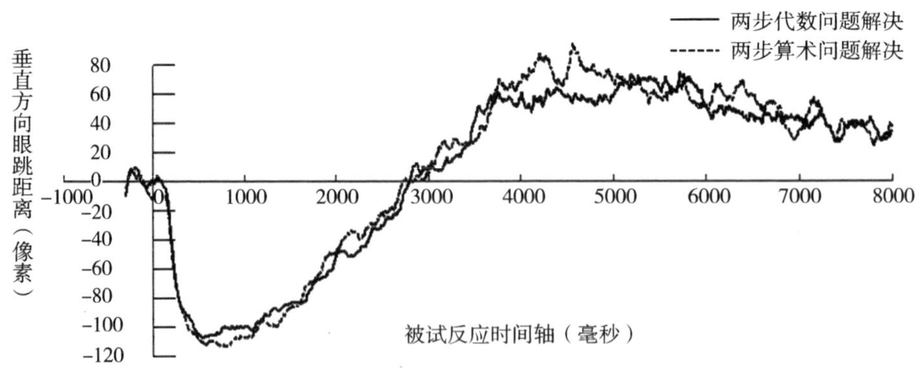

图 4.6　被试垂直方向眼动轨迹图（两步）

图 4.7 是一步代数问题解决和一步算术问题解决刺激后被试水平方向的眼动轨迹，从中可以发现，被试在完成两种任务时，水平眼跳未表现出分离的趋势。从图 4.7 中我们可以看出，在 500～3000 毫秒这段时间窗口，被试者完成一步代数问题解决任务和一步算术问题解决任务的心理表征得以体现，所以我们选取这段时间进行统计分析。在这段时间内，我们计算所有被试者在两种条件刺激下眼跳距离的平均值。结果表明，被试者在完成一步代数问题解决任务时，其水平眼跳距离的平均值为 90.42 像素，标准差为 34.37；被试在完成一步代数问题解决任务时，水平眼跳距离的平均值为 91.69 像素，标准差为 40.19。经过相关样本 t 检验后发现，两种条件下水平眼跳距离无差异，[$t(23)=-.31$，$p=.76$]，说明被试在完成一步代数问题解决任务和一步算术问题解决任务时，水平方向的眼跳距离没有差异。

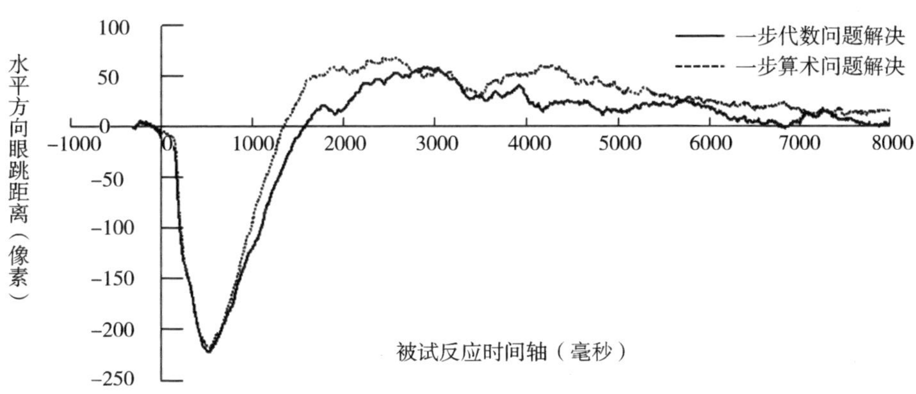

图 4.7　被试水平方向眼动轨迹图（一步）

图 4.8 是一步代数问题解决和一步算术问题解决刺激后被试垂直方向的眼动轨迹，从中可以发现，被试在完成两种任务时，垂直眼跳未表现出分离的趋势。和水平眼动分析一致，我们同样选取 500～3000 毫秒这段时间进行统计分析。在这段时间内，我们计算所有被试在两种条件刺激下眼跳距离的平均值。结果显示，被试在完成一步代数问题解决任务时，其垂直眼跳距离的平均值为 80.24 像素，标准差为 51.25；被试在完成一步代

数问题解决任务时，垂直眼跳距离的平均值为 84.57 像素，标准差为 56.67。经过相关样本 t 检验后发现，两种条件下眼跳距离差异不显著 [$t(23)=-.83$，$p=.41$]，说明被试在完成一步代数问题解决任务和一步算术问题解决任务时，垂直方向的眼跳距离没有差异。

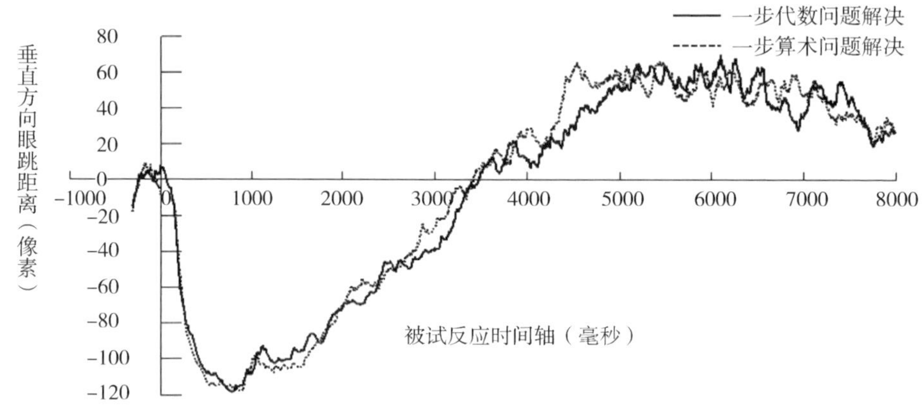

图 4.8　被试垂直方向眼动轨迹图（一步）

表 4.2 为两步代数问题解决任务和两步算术问题解决任务兴趣区眼动数据，并且通过方差分析来探究代数计算任务和算术计算任务兴趣区眼动模式的差异。结果显示，在“兴趣区 1”和“兴趣区 2”上，两步代数问题解决任务和两步算术问题解决任务在第一次注视持续时间、回视次数、总注视次数、总注视时间上不存在差异。

表 4.2　两步代数问题解决和两步算术问题解决兴趣区眼动指标比较（$M\pm SD$）

眼动指标	兴趣区	两步代数问题解决	两步算术问题解决	F
第一次注视持续时间	1	226.22±154.64	218.16±132.99	0.69
回视次数		9.41±6.44	9.11±6.17	0.57
注视次数		12.48±7.43	12.10±7.15	0.64
总注视时间		2957.45±1915.09	2919.97±1956.28	0.09
第一次注视持续时间	2	258.36±155.59	246.15±149.33	1.31
回视次数		3.13±2.62	3.03±2.62	0.10
注视次数		5.36±3.41	5.29±3.38	0.38
总注视时间		1529.36±1224.95	1640.12±1451.81	1.63

注：* $p<.05$；** $p<.01$；*** $p<.001$。

表 4.3 为一步代数问题解决任务和一步算术问题解决任务兴趣区眼动数据，并通过方差分析来探究代数计算任务和算术计算任务兴趣区眼动模式的差异。结果显示，在“兴趣区 1”和“兴趣区 2”上，一步代数问题解决任务和一步算术问题解决任务在第一次注视持续时间、回视次数、总注视次数、总注视时间上不存在差异。

表 4.3　一步代数问题解决和一步算术问题解决兴趣区眼动指标比较（$M\pm SD$）

眼动指标	兴趣区	一步代数问题解决	一步算术问题解决	F
第一次注视持续时间	1	234.66±155.54	224.04±156.31	1.03
回视次数		9.27±6.34	8.79±5.86	2.98
注视次数		12.10±7.31	11.42±6.80	2.22
总注视时间		2953.79±2071.19	2840.74±1971.18	0.75
第一次注视持续时间	2	240.62±177.67	235.4±172.95	0.20
回视次数		2.71±2.33	2.45±2.21	1.54
注视次数		4.85±4.20	4.45±3.53	1.90
总注视时间		1479.50±1293.43	1463.59±1194.09	0.02

注：* $p<.05$；** $p<.01$；*** $p<.001$。

4.2.4　讨论

该实验通过被试在完成代数问题解决任务和算术问题解决任务时的眼动情况，考察代数问题解决是否比算术问题解决需要更多的空间加工。结果显示，代数问题解决任务和算术问题解决任务水平眼跳距离、垂直眼跳距离、第一次注视持续时间、回视次数、总注视次数均不存在显著差异。这一结果表明，代数问题解决和算术问题在空间资源需求上不存在差异。

首先，以往的研究发现，不同难度的问题解决题目会造成个体眼动模式的差异。例如，张锦坤、沈德立和藏传丽（2004）发现，相对于难度比较小的应用题，个体在解难度比较大的应用题时需要更多的注视次数；阴国恩和陈士俊（2009）发现，在解代数应用题时，数学成绩优异的学生对不同兴趣区的注视次非常显著地少于数学成绩差的生。本研究发现，一步代数问题解决任务和一步算术问题解决任务之间、两步代数问题解决任务和两步算术问题解决任务之间在准确率和反应时上都不存在差异，从而排除了任务难度对眼动模式的影响。

其次，眼动分析发现，两步代数问题解决任务和两步算术问题解决任务、一步代数问题解决任务和一步算术问题解决任务在水平眼跳距离和垂直眼跳距离上均不存在差异。这说明，一步代数问题解决任务和一步算术问题解决任务之间、两步代数问题解决任务和两步算术问题解决任务之间形成了同样范围的空间模型（Norton & Stark，1964，1971）。一步代数问题解决任务和一步算术问题解决任务之间、两步代数问题解决任务和两步算术问题解决任务之间第一次注视持续时间、回视次数、总注视次数均不存在显著差异，这说明，代数问题解决和算术问题解决的空间操作不存在差异（Corbetta et al.，1998；Nobre，Gitelman，Dias，& Mesulam，2000；Sheliga et al.，1994）。

因此，本实验说明，代数问题解决和算术问题解决两者在空间资源需求上不存在差异。与代数计算和算术计算对空间资源需求不同，数字和字母这两种不同的表达形式并未造成代数问题解决和算术问题解决对空间能力需求的差异，这与研究一的认知行为研究结果相同。

第 5 章

代数学习中空间能力作用的脑机制研究：脑成像研究

通过研究一和研究二我们发现，空间能力是代数学习的关键认知因素，并发现空间能力对代数计算和代数问题解决的机制不同，具体表现为：代数计算比算术计算需要更多的空间资源而代数问题解决和算术问题解决对空间资源的需求并没有差异。下面将针对代数学习的脑机制进行研究，从神经层面探讨空间能力在代数学习中的作用。

以往代数学习的脑机制研究都采用解方程或者应用题的题型来考察代数问题解决（Anderson et al.，2003，2012；Danker & Anderson，2007；Lee et al.，2007；Monti et al.，2012），并且在刺激材料中都使用了数字（如 $3x+2=17$、$7H+9=E$ 和 $J=M-50$）。但是大量研究发现，数字本身就会特异性地激活顶叶（e.g.，Eger et al.，2003；Ischebeck et al.，2008；Libertus et al.，2009）。因此，不能确定以往研究发现的顶叶激活是源自代数还是数字，从而也就不清楚顶叶的特异性激活是因为空间加工还是数量加工。

本研究将和前面的研究保持一致，继续采用“纯粹的”代数材料，即只包含字母和数学运算符的代数式，通过三个功能磁共振成像实验来研究代数表征和加工的脑机制，包括代数表征、代数计算和代数问题解决的脑机制，从而全面揭示空间能力在代数学习中的作用的脑机制。

5.1 实验5：代数符号表征的脑成像研究

5.1.1 研究目的

该实验的主要目的是探讨空间能力在代数符号表征中作用的脑机制。我们以代数表征的三种表征形式（包括符号表征、图形表征和语义表征）作为实验材料，利用功能磁共振成像技术，比较符号表征、图形表征和语义表征的大脑激活差异，从而揭示代数符号表征和空间能力关系的脑机制。

5.1.2 方法

5.1.2.1 被试

该实验的被试为北京大学和北京联合大学的24名大学生，男女各半。他们的年龄为18～24岁，平均年龄为21.5岁。参加实验的被试均为右利手，裸眼视力或矫正视力正常，没有精神方面的疾病历史。所有被试在了解了有关的实验步骤之后，签署该实验的知情同意书并承诺自愿参加实验。

5.1.2.2 实验材料

该实验运用三种实验材料，包括符号表征、模型表征、语义表征，这三种表征方式为同一问题的三种表征方式。所有的材料均为黑底白字的图片，匹配文字长度、列式长度、运算符和运算术个数、任务难度等（如表5.1所示）。

表5.1 代数表征实验材料示例

表征方式	相同	不相同
符号表征	一个篮球单价为 F 元， 足球比篮球便宜 H 元。 篮球：F 足球：$F-H$	一个篮球单价为 F 元， 足球比篮球贵 H 元。 篮球：F 足球：$F+H$

续表

表征方式	相同	不相同
模型表征	一个篮球单价为 F 元， 足球比篮球便宜 H 元。 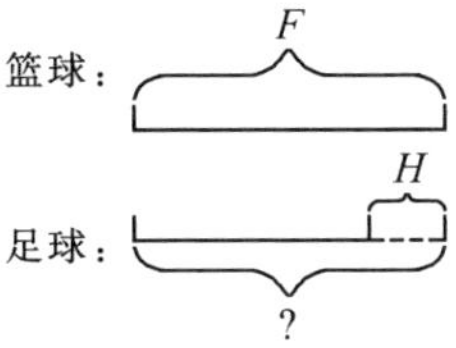 篮球：F 足球：H ?	一个篮球单价为 F 元， 足球比篮球贵 H 元。 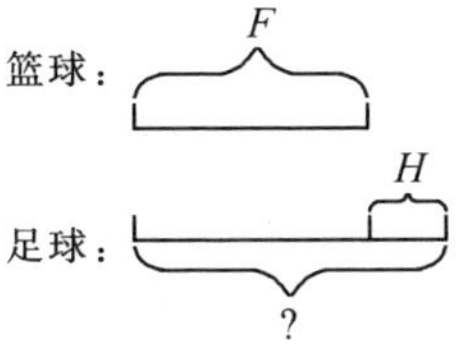 篮球：F 足球：H ?
语义表征	一个篮球单价为 F 元， 足球比篮球便宜 H 元。 篮球的单价为 F 元	一个篮球单价为 F 元， 足球比篮球贵 H 元。 篮球的单价为 F 元

5.1.2.3　实验程序

本实验程序的 fMRI 扫描采用组块设计。每个被试者需要完成 1 个 run 的功能核磁共振扫描，整个实验共持续 8 分钟，包括 9 个任务组块和 9 个基线组块。通过被试内拉丁方设计来确定不同任务呈现的顺序（Bradley，1958）。每个任务组块包括 4 个刺激，共持续 40 秒；每个基线组块同样包括 4 个刺激，共持续 16 秒，组块内刺激的呈现顺序完全随机，肯定和否定反应各半。任务组块和基线组块交替出现。

任务组块包括语义表征组块、图形表征组块和代数表征组块。本实验采用匹配范式，要求被试通过按键判断屏幕上方（题干）和下方（三种表征形式）是否匹配。基线任务为上下箭头方向一致性判断任务，即要求被试通过按键判断屏幕上方和下方呈现的两个箭头方向是否一致。我们通过 E-Prime（Version 1.1）软件来呈现实验刺激材料和记录被试行为结果。

在实验开始前，主试对实验的内容和流程进行详细的讲解，被试者在充分理解实验内容和整个实验流程后，进行一定的练习，然后进入核磁扫描室开始正式扫描。实验流程如图 5.1 所示。

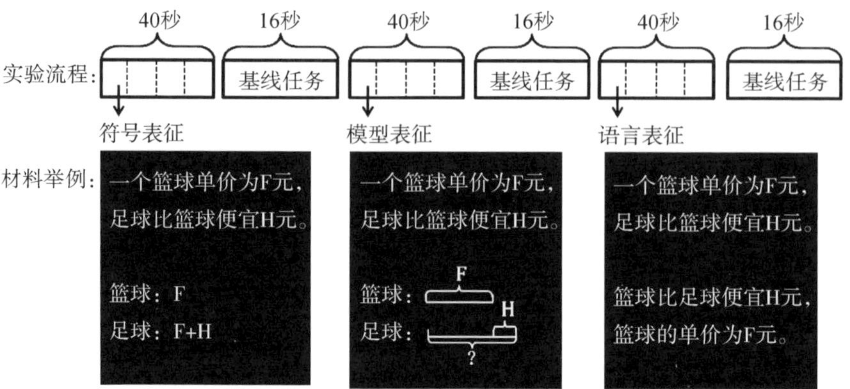

图 5.1 代数表征实验流程图

5.1.2.4 MRI 图像采集

功能像图像采集采用 GE 3.0T 磁共振扫描仪。实验时，被试头部被固定并保持仰卧的姿势，为了减少噪声的影响，被试须戴上耳机，使用单次激发回波平面成像梯度回波序列进行功能像的扫面（echo planar imaging，EPI），扫描参数为：层厚为 6 毫米，没有层间隔，结构平面分辨率为 3.75 毫米×3.75 毫米，TR/TE＝5430 毫秒/37 毫秒，视野（FOV）＝300 毫米×300 毫米，共扫描 43 层，覆盖全脑。

5.1.2.5 数据分析

磁共振成像数据采用 SPM 12 进行分析（Statistical Parametric Mapping，Welcome Department of Cognitive Neurology，London）。我们首先需要对数据进行预处理，包括头部的矫正、空间统一标准和使用高斯法对数据进行平滑处理；然后对每个被试的数据进行统计分析。通过建立每个被试的广义线性模型（GLM），设置起始和持续时间，得到每个人在三个任务下分别相对于基线条件的所有脑部信息。在进行每组的具体分析时，将先对每个任务的所有脑部信息进行处理，即 t 检验，得到三个任务下激活的脑区。同时，我们对比了三个实验任务间的激活差异，得到三个任务间的差异脑区。

为了揭示三种表征的神经通路，我们运用了心理、生理交互作用（Psycho-Physiological Interaction，PPI）的分析方法。首先，基于任务态下联合脑区的结果，选取左右顶叶、左右枕叶为种子点。我们选取的种子点的名称与对应的 MNI（x、y、z）坐标为：左侧顶上小叶（－27，－60，48）、右侧顶下小叶（30，－57，48）、左侧枕中回（－24，－87，3）、左侧枕中回（30，－87，9）。以上四个坐标为种子点画半径为 6 毫米的球，分别提取每个人在两种任务下（代数计算＞算术计算，算术计算＞代数计算）的 PPI 回归因子。每种条件下的回归因子包括三个：心理变量（实验条件的回归因子）、生理变量（校正后的 BOLD 信号）、心理、生理交互作用（心理变量和生理变量卷积所生成的回归因子）。其次，将这三个回归因子放入 GLM 模型中，进行全脑回归分析，得到每个被试分别在两种条件下（代数计算＞算术计算，算术计算＞代数计算）的全脑功能连接的参数图。最后，将所有被试在两个条件下的参数图进行组分析，即单样本 t 检验，计算出两种条件下全脑功能连接差异。有效结果的统计阈限值为 $p<.005$，大于 20 个 voxel。

5.1.3　结果

5.1.3.1　行为结果

符号表征任务、模型表征任务和语言表征任务的错误率分别为 8.32％ 、9.03％和 8.99％，平均反应时为 2813 毫秒、2887 毫秒和 2920 毫秒。用重复测量方差对三种任务进行差异分析，结果显示，三种任务的主效应在正确率和反应时上均无显著性差异［错误率，$F(1, 23)=1.81$，$p>.05$；反应时，$F(1, 23)=2.83$，$p>.05$］。

5.1.3.2　全脑分析结果

表 5.2 和图 5.2 呈现了三种表征相对于基线的激活区域，结果发现，符号表征和模型表征的激活模式相似：符号表征主要激活双侧顶上回、双

侧顶下回、双侧额上回、左侧额中回、右侧额下回、左侧枕下回和右侧背外侧额上回；模型表征主要激活双侧顶上回、双侧顶下回、双侧额上回、左侧额中回、右侧额下回、左侧舌回和右侧背外侧额上回、左侧辅助运动区和右侧颞下回；语言表征主要激活左侧顶上回、左侧顶下回、左侧中央前回、左侧额中回、双侧额下回、双侧枕下回、左侧辅助运动区、双侧舌回、左侧枕中回、左侧颞中回和左侧颞下回（$p<.005$，voxel>20）。

表 5.2 符号表征、模型表征和语言表征的大脑激活脑区

脑区名称	坐标值			体积	T 值
	(x, y, z)				
符号表征					
左侧枕下回	−24	−90	−9	3067	8.21
左侧顶下缘角回	−51	−42	39		
	−45	−66	−30		
左侧背外侧额上回	−27	0	66	1161	6.29
	−42	15	24		
	−51	18	33		
	51	−42	−21	140	5.50
	57	−42	−12		
右侧背外侧额上回	30	63	6	104	4.66
	42	51	−12		
	45	48	6		
左侧眶部额中回	−42	48	−3	68	4.48
右侧岛盖部额下回	54	18	33	470	4.43
	36	6	39		
	33	27	30		
右侧小脑	27	−75	−51	248	4.43
	12	−75	−39		
	39	−72	−27		
	30	−78	−24		
左侧内侧额上回	−9	21	45	139	4.28
右侧舌回	15	−81	−3	38	4.04
	15	−90	−3		
	24	−87	−9		

续表

脑区名称	坐标值 (x，y，z)			体积	T 值
右侧脑岛	33	27	−3	40	3.86
左侧尾状核	−18	−9	21	30	3.42
	15	−12	9		
模型表征					
左侧舌回	−27	−90	−12	4154	10.68
	−42	−72	−30		
	−21	−75	42		
左侧三角部额下回	−45	18	27	1199	7.32
	−51	15	42		
	−39	9	36		
右侧颞下回	51	−45	−21	890	6.02
	18	−84	−15		
	12	−84	−24		
右侧额中回	33	60	6	140	5.31
	42	48	−15		
	42	51	−3		
	51	21	33	758	5.22
	48	39	24		
左侧辅助运动区	−6	18	48	139	4.68
	0	24	42		
	0	15	54		
左侧眶部额下回	−48	42	−6	63	4.60
左侧舌回	−39	54	3		
	−12	−3	12	32	3.61
	−18	−18	18		
语言表征					
左侧三角部额下回	−45	21	24	1139	6.38
	−39	6	57		
	−30	24	0		
左侧舌回	−24	−90	−15	702	5.67
	−27	−78	−6		
	−51	−36	−3		

续表

脑区名称	坐标值 (x, y, z)			体积	T 值
右侧三角部额下回	54	27	27	396	4.74
	54	21	15		
	39	9	42		
右侧舌回	15	−84	−3	85	4.52
	27	−78	−15		
左侧顶下缘角回	−51	−51	51	261	4.26
	−33	−63	48		
	−30	−72	42		
	33	27	−6	71	4.08
右侧前扣带	12	27	24	25	4.06
左侧内侧额上回	−9	18	45	167	3.97
	−9	12	69		
	−3	6	63		
	0	−24	−27	25	3.66

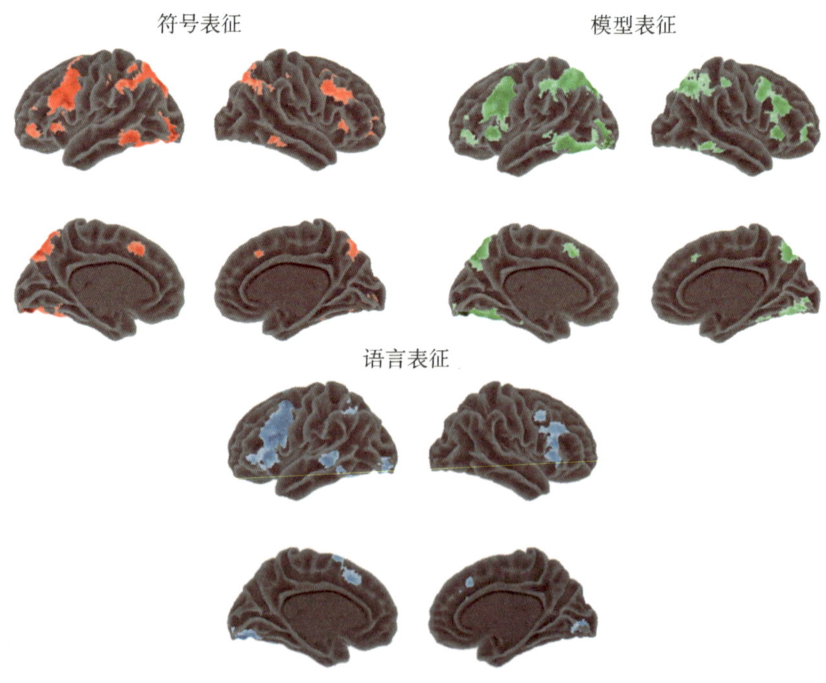

图 5.2　三种表征的激活脑区图

通过比较三种任务间的差异发现，符号表征比语言表征更多地激活了右侧顶上回、左侧顶下回、双侧楔前叶、双侧枕中回、右侧颞下回；模型表征相对于语言表征更多地激活了右侧顶上回、左侧顶下回、双侧楔前叶、双侧枕中回、双侧颞下回（$p < .005$，voxel＞20，见表 5.3，如图 5.3 所示）。

表 5.3　符号表征、模型表征与语言表征大脑激活脑区

脑区名称	坐标值 (x，y，z)			体积	T 值
符号表征＞语言表征					
右侧枕中回	36	−72	30	118	7.32
	33	−60	30		
右侧颞下回	54	−42	−18	64	6.05
右侧顶上回	21	−72	57	447	5.32
	33	−36	39		
	42	−36	42		
左侧枕中回	−30	−78	30	65	4.36
	−24	−81	36		
	−30	−63	21		
右侧楔前叶	3	−69	39	26	4.34
左侧顶下	−48	−48	42	76	4.22
左侧楔前叶	−15	−69	63	72	4.19
	−21	−72	54		
	−12	−69	51		
左侧中央后回	−42	−36	57	21	3.26
	−48	−30	51		
模型表征＞语言表征					
右侧顶上回	18	−69	60	887	6.16
	42	−45	51		
	33	−72	30		
右侧颞下回	54	−48	−18	96	5.75
左侧楔前叶	−12	−66	66	288	5.25
	−27	−78	33		
	−21	−72	54		

续表

脑区名称	坐标值 (x, y, z)			体积	T 值
左侧颞下回	−48	−42	−18	84	4.40
	−54	−51	−18		
	−45	−42	51	358	4.06
	−45	−51	54		
右侧楔前叶	3	−69	39	24	3.47
右侧额中回	30	18	57	27	3.29
	30	9	66		
	30	9	57		

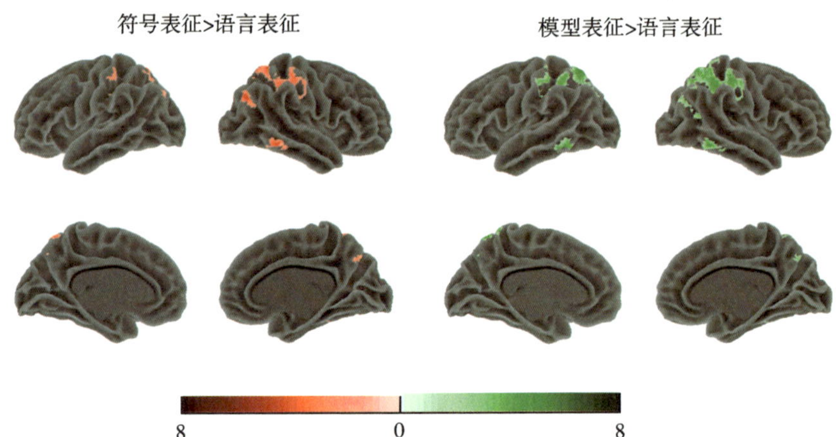

图 5.3 符号表征、模型表征与语言表征的激活差异脑区图

5.1.3.3 感兴趣区分析

本研究在双侧顶叶四个兴趣区中进行了感兴趣分析，结果发现，在左侧顶上发现符号表征和模型表征的大脑激活强度显著高于语言表征［$t(24)=2.34$，$p=.028$；$t(24)=3.50$，$p=.002$］；在右侧顶下发现符号表征和模型表征的大脑激活强度显著高于语言表征［$t(24)=4.54$，$p<.001$；$t(24)=4.21$，$p<.001$］；在左侧顶下发现符号表征和模型表征的大脑激活强度显著高于语言表征［$t(24)=2.50$，$p=.021$；$t(24)=3.37$，$p=.002$］；在右侧顶下发现符号表征和模型表征的大脑激活强度显著高于语言表征［$t(24)=2.85$，$p=.009$；$t(24)=3.38$，$p=.003$］（如图 5.4 所示）。

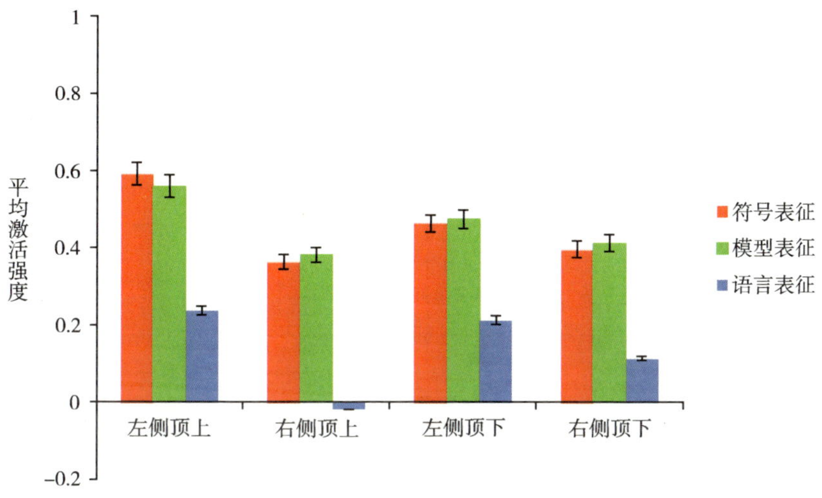

图 5.4　三种表征顶叶 ROI 分析图

5.1.3.4　功能连接分析结果

以左侧顶上小叶为种子点，结果发现，相对于语言表征，符号表征更多地激活了从左侧顶上小叶到右侧顶上回和右侧背外侧额上回的连接；语言表征相对于符号表征更多激活了左侧顶上小叶到左侧颞中回、左侧岛盖部额下回和左侧小脑的连接。当以左侧枕中回为种子点时，符号表征更多地激活了从左侧枕中回到双侧顶上小叶和双侧中央前回的连接；而语言表征相对于符号表征更多激活了左侧枕中回到左侧颞中回的连接（$p<.005$，voxel＞20，见表 5.4，如图 5.5 所示）。

表 5.4　符号表征和语言表征的激活差异连接脑区

脑区名称	坐标值 (x, y, z)			体积	T 值
种子点：左侧顶叶					
符号表征＞语言表征					
右侧顶上回	21	−63	63	148	4.84
	9	−72	57		
	18	−66	60		
右侧背外侧额上回	24	3	54	29	3.50
语言表征＞符号表征					
左侧颞中回	−54	−39	−3	142	4.54
	−57	−27	−6		

续表

脑区名称	坐标值 (x, y, z)			体积	T 值
左侧小脑	−15	−87	−21	39	3.93
种子点：左侧枕叶					
符号表征>语言表征					
右侧中央前回	51	3	24	35	4.34
右侧小脑	33	−39	−27	42	4.19
	42	−48	−27		
左侧顶上回	−30	−69	57	33	4.09
	−24	−60	51		
	−27	−63	63		
右侧尾状核	21	−6	24	37	3.89
	36	−6	27		
右侧楔前叶	21	−72	45	94	3.78
	18	−63	60		
	21	−72	57		
左侧中央前回	−27	−3	63	29	3.32
	−18	−6	60		
右侧缘上回	48	−33	45	20	3.15
	54	−24	36		
语言表征>符号表征					
左侧颞中回	−63	−27	−6	65	4.49
	−51	−39	0		

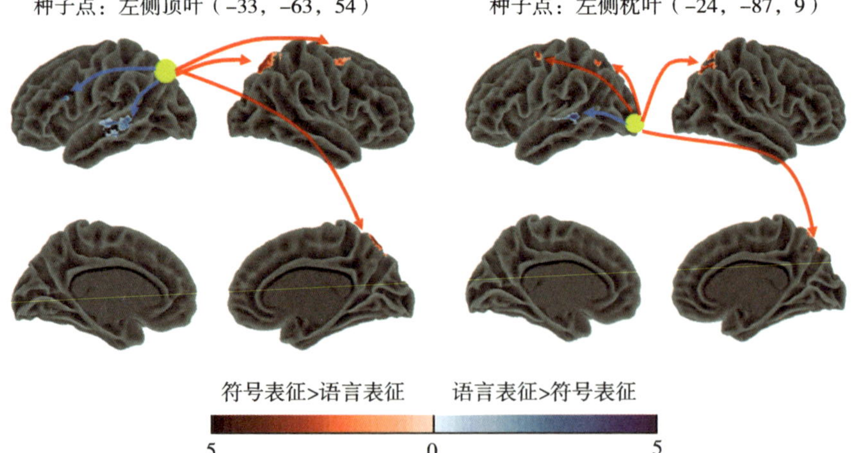

图 5.5 符号表征和语言表征的激活差异功能连接脑区图

以左侧顶上小叶为种子点，结果发现，相对于语言表征，模型表征更多地激活了从左侧顶上小叶到右侧顶上回和右侧背外侧额上回的连接；语言表征相对于模型表征，更多激活了左侧顶上小叶到左侧颞中回、左侧岛盖部额下回和左侧小脑的连接。当以左侧枕中回为种子点时，模型表征更多地激活了从左侧枕中回到双侧顶上小叶、右侧颞下回和双侧中央前回的连接；而语言表征相对于模型表征，更多激活了左侧枕中回到左侧颞中回的连接（$p<.005$，voxel>20，见表 5.5，如图 5.6 所示）。

表 5.5　模型表征和语言表征的激活差异连接脑区

脑区名称	坐标值 (x，y，z)			体积	T 值
种子点：左侧顶叶					
模型表征>语言表征					
右侧顶上回	18	−66	60	148	4.84
	15	−75	48		
	9	−72	57		
右侧背外侧额上回	24	3	54	29	3.50
语言表征>模型表征					
左侧颞中回	−54	−39	−3	157	4.70
	−60	−24	−12		
	−54	−39	−3		
	−60	−24	−12		
左侧岛盖部额下回	−51	18	21	39	4.30
	−24	−81	−24	53	3.95
	−6	−78	−18		
	−15	−87	−21		
	−54	−39	−3	20	3.48
小脑	−60	−24	−12		
种子点：左侧枕叶					
模型表征>语言表征					
右侧岛盖部额下回	51	6	24	52	4.31
	60	12	27		
	45	−3	27		

续表

脑区名称	坐标值 (x, y, z)			体积	T 值
右侧楔前叶	21	−72	45	224	4.30
	15	−66	60		
	21	−72	57		
右侧小脑	33	−39	−27	57	4.28
	42	−48	−27		
左侧顶上回	−27	−69	57	83	4.19
	−18	−84	42		
	−21	−69	45		
右侧颞下回	51	−60	−15	85	3.99
	33	−75	0		
	42	−66	−15		
右侧尾状核	18	−6	24	25	3.90
左侧中央前回	−27	−3	63	30	3.36
语言表征>模型表征					
左侧颞中回	−63	−27	−6	29	4.50
	−51	−39	0	31	4.11

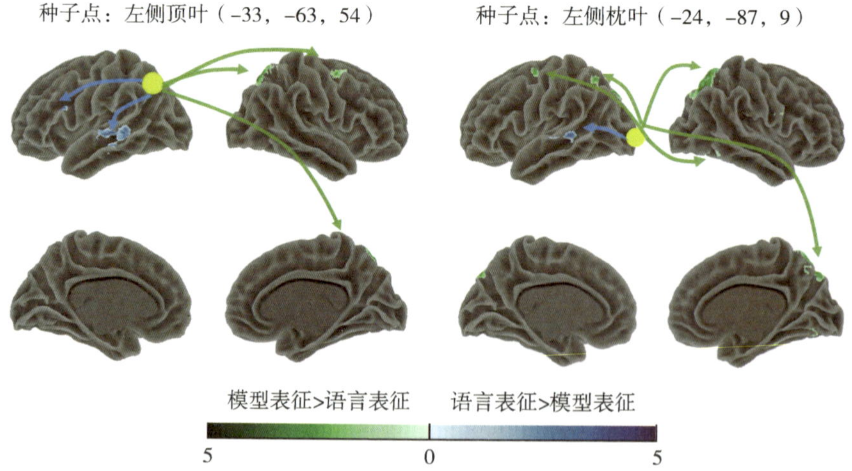

图 5.6　模型表征和语言表征的激活差异功能连接脑区图

5.1.4　讨论

本实验的目的是探讨代数不同表征的脑机制，结果发现，从全脑激活情况来看，符号表征和模型表征比语言表征表现出双侧顶叶的更多激活，语言表征相对于符号表征和模型表征更多地激活了左侧颞中回；从不同脑区的功能连接来看，符号表征和模型表征比语言表征更多地涉及左侧枕叶—左侧顶叶—右侧顶叶—背外侧额上回皮质之间的连接，而语言表征相对于符号表征和模型表征更多涉及左侧枕叶—左侧顶叶—左侧颞中回皮质之间的连接。这表明代数问题解决的符号表征和模型表征都涉及更多的空间加工。

首先，代数的符号表征比语言表征显著激活了顶叶区域，并且涉及左侧枕叶—左侧顶叶—右侧顶叶—背外侧额上回皮质之间的连接。这表明顶叶在代数符号表征中扮演了重要的角色。一些研究者通过脑成像研究发现，空间注意（Gottlieb et al.，1998；Bisley & Goldberg，2003；Mazer & Gallant 2003；Reynolds & Desimone 2003；Silver et al.，2005）、空间定位（Coull & Nobre，1998；Teng，& Whitney，2008；Szameitat，Lepsien，Cramon，Sterr，& Schubert，2006）、心理旋转（Jordan et al.，2001；Carpenter et al.，1999；Kosslyn et al.，1998；Richter et al.，1997；Tagaris et al.，1997；Cohen et al.，1996；Tagaris et al.，1996）等空间加工任务都依赖于大脑的顶叶区域。代数符号表征表现出对顶叶特异性激活，可能是因为空间能力的参与，它可能是一种依赖顶叶的对字母和运算符进行空间位置和空间关系的空间表征。

其次，代数的模型表征比语言表征显著激活了顶叶区域，并且涉及左侧枕叶—左侧顶叶—右侧顶叶—背外侧额上回皮质之间的连接。脑成像研究证明了大脑的顶叶皮层与图形、形状加工有关。已有研究证明，二维和三维图形任务都会显著激活顶叶区域，尤其是左侧顶下小叶和右侧顶上小叶后部（Alivisatos & Petrides，1996；Schendan & Stern，2007；Knauff et al.，2002；Vingerhoets et al.，2002；Vuilleumier，Ortigue，& Brugger，2004）；另外，与图形有关的语言任务也同样激活了顶叶相关的区域。例如，几何术语的加工（判断正方形与长方形、圆这两个术语的关系）比代数术语的加工（判断纯小数与真分数、整数这两个术语的关系）在顶叶有更多的激活（Zhang et al.，2012）。研究者将这些结果解释为视空间想象在图形加工过程中发挥了重要的作用。因此，代数模型表征所表现出来的对顶叶的依赖也可能是由空间能力的参与造成的。

最后，代数的语言表征相对于符号表征和模型表征更多地激活了左侧颞中回，更多涉及左侧枕叶—左侧顶叶—左侧颞中回皮质之间的连接。以前的神经学研究证明颞中回在一般语义加工中发挥了重要的作用。一方面，颞中回是语义信息表征的重要脑区。例如，颞中回区域在进行双字词判断任务时有显著激活（Tan et al.，2000；chen et al.，2002），研究者解释为颞中回的激活是语义信息的表征。另一方面，语义的内隐加工也可能与颞中皮层有关（Rissman，Eliassen，& Blumstein，2003）。这个研究结果表明，被试者代数语言表征与符号表征和模型表征相比涉及更多的一般语义加工，这很有可能是在进行代数语言表征时，个体需要充分理解代数问题和算术问题中所包含的语义信息的原因。

综上，运用字母的符号表征和运用图形的模型表征同样比语言表征表现出双侧顶叶更多的激活以及左右顶叶之间的连接。这说明，代数的符号表征和模型表征有类似的神经机制，即两者同样需要依赖空间脑区的参与。

5.2 实验6：代数计算的脑成像研究

5.2.1 研究目的

该实验的主要目的是探讨空间能力在代数计算中作用的脑机制。我们以代数计算和算术计算作为实验材料，利用功能磁共振成像技术，比较代数计算与算术计算大脑激活和功能连接的差异，验证代数计算是否比算术计算更依赖顶内沟活动，进而揭示代数计算和空间能力关系的脑机制。

5.2.2 方法

5.2.2.1 被试

该实验的被试为北京大学和北京联合大学的 24 名大学生，男女各半。他们的年龄为 18～24 岁，平均年龄为 21.5 岁。参加实验的被试均为右利手，裸眼视力或矫正视力正常，没有精神方面的疾病史。所有被试在了解了有关的实验步骤之后，签署该实验的知情同意书并承诺自愿参加实验。

5.2.2.2 实验材料

该实验运用两种实验材料，即代数计算（用英文字母和四则运算符表达的式子，如 $a-b-c$）与算术计算（用阿拉伯数字和四则运算符表达的算式，如 $9-3-2$），包括交换律（如 $a+b=b+a$）、结合律［如 $a-b-c=a-(b+c)$］和分配律［如 $a\times(b+c)=a\times b+a\times c$］。代数计算任务、算术计算任务是通过按键判断屏幕上方和下方呈现的两个式子是否相等［比如 $a-b-c$ 和 $a-(b+c)$ 是否相等，或者 $9-3-2$ 和 $8-(2+2)$ 是否相等］。基线材料为有方向的箭头（朝上或朝下）。基线任务为上下箭头方向一致性判断任务，即要求被试者通过按键判断屏幕上方和下方呈现的两个箭头方向是否一致。所有的材料均为黑底白字的图片，匹配文字长度、列式长度、运算符和运算术个数、任务难度等，举例如图 5.7 所示。

5.2.2.3 实验程序

本实验程序的 fMRI 扫描采用组块设计。每个被试者需要完成 2 个 run 的功能核磁共振扫描，每个 run 持续 8 分钟，包括 8 个任务组块和 8

个基线组块。通过被试者内拉丁方设计来确定不同任务呈现的顺序（Bradley，1958）。每个任务组块包括 4 个刺激，共持续 24 秒；基线组块刺激的个数和持续的时间和任务组块保持一致。组块内刺激的呈现顺序完全随机，肯定和否定反应各半。任务组块和基线组块交替出现。

任务态采用组块设计，采用匹配范式，要求被试者完成代数计算任务、算术计算任务。代数计算任务、算术计算任务通过按键判断屏幕上方和下方呈现的两个式子是否相等［比如 $a-b-c$ 和 $a-(b+c)$ 是否相等，或者 9－3－2 和 8－(2＋2) 是否相等］。控制变量有式子长度、运算符和运算术个数、任务难度等。基线材料为有方向的箭头（朝上或朝下）。基线任务为上下箭头方向一致性判断，即要求被试通过按键判断屏幕上方和下方呈现的两个箭头方向是否一致。我们通过 E-Prime（Version 1.1）软件来呈现实验刺激材料和记录被试者的行为。

在实验开始前，主试对实验的内容和流程进行详细的讲解，被试在充分理解实验内容和整个实验流程后，进行一定的练习，然后进入核磁扫描室开始正式扫描。实验流程图如图 5.7 所示。

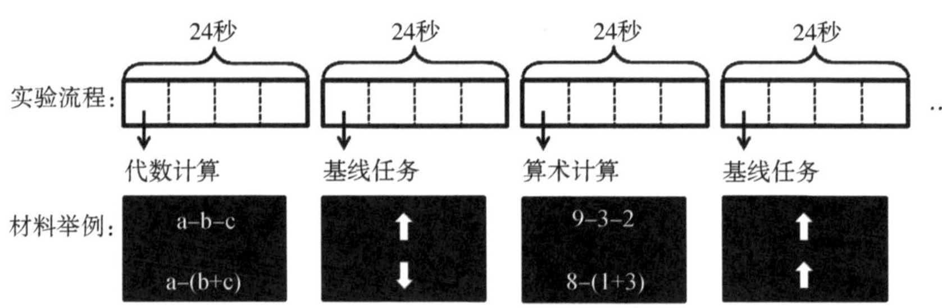

图 5.7 代数计算实验流程图

5.2.2.4 MRI 图像采集

功能像图像采集采用 3.0T 西门子磁共振扫描仪。实验时，被试者头部被固定并保持仰卧的姿势，为了减少噪声的影响，被试者须戴上耳机。实验使用单次激发回波平面成像梯度回波序列进行功能像的扫面（echo planar imaging，EPI)，扫描参数为：层厚为 6 毫米，没有层间隔，结构平面分辨率为 3.75 毫米×3.75 毫米，TR/TE=3000 毫秒/30 毫秒，视野(FOV)=220 毫米×220 毫米，共扫描 32 层，覆盖全脑。

5.2.2.5　数据分析

本实验的磁共振成像数据通过 SPM12（Statistical Parametric Mapping，Welcome Department of Cognitive Neurology，London）进行分析。首先，我们对数据进行预处理，分析方法同实验 5.1.2.5。然后对每个被试者的数据进行统计分析。通过建立每个被试者的广义线性模型，在模型中设置代数计算和算术计算两个任务的开始时间和持续时间，得到每个人在两个任务下分别相对于基线条件的全脑信号。在组分析中，我们首先针对每个任务进行全脑的组分析，即 t 检验，得到两个任务下全脑激活的脑区。其次，我们对比两个实验任务间的激活差异，得到代数计算和算术计算两个任务间的差异脑区。

为揭示代数计算和算术计算的神经通路，我们运用了心理、生理交互作用 PPI 分析方法。PPI 分析首先基于任务态下联合脑区的结果，选取左右顶叶、左右枕叶为种子点。我们选取的种子点的名称与对应的 MNI 坐标为：左侧顶上小叶（−27，−60，48)、右侧顶下小叶（30，−57，48)、左侧枕中回（−24，−87，3)、左侧枕中回（30，−87，9)。以上四个坐标为种子点画半径为 6 毫米的球，分别提取每个人在两种任务下(代数计算＞算术计算，算术计算＞代数计算）的 PPI 回归因子。每种条件下的回归因子包括三个：心理变量（实验条件的回归因子)、生理变量(校正后的 BOLD 信号)、心理和生理交互作用（心理变量和生理变量卷积所生成的回归因子)。将这三个回归因子放入 GLM 模型中，进行全脑回归分析，得到每个被试在两种条件下（代数计算＞算术计算，算术计算＞代数计算）的全脑功能连接的参数图。最后将所有被试在两个条件下的参数图进行组分析，即单样本 t 检验，计算出两种条件下的全脑功能连接差异。有效结果的统计阈限值为 $p<.005$，大于 20 个 voxel。

5.2.3 结果

5.2.3.1 行为结果

代数计算任务和算术计算任务的错误率分别为 13.32%和 9.96%，平均反应时为 2713 毫秒和 2620 毫秒。用重复测量方差对两种任务进行差异分析，结果显示，两种任务在正确率和反应时上均无显著性差异[错误率，$F(1, 29)=1.81$，$p>.05$；反应时，$F(1, 29)=2.83$，$p>.05$]。

5.2.3.2 全脑分析结果

表 5.6 和图 5.8 呈现了两种任务相对于基线的激活区域。结果发现，两种任务的激活模式相似：代数计算集中在双侧顶上回、双侧顶下回、双侧角回、双侧楔前叶、双侧额上回、双侧额中回、双侧额下回、双侧舌回、双侧枕上回、双侧枕中回、左侧枕下回、双侧颞下回等区域；算术计算主要集中在双侧顶上回、双侧顶下回、右侧缘回、双侧角回、双侧额上回、双侧额中回、双侧额下回、双侧辅助运动区双侧枕上回、双侧枕中回、左侧枕下回、双侧颞下回等区域（$p<.005$，voxel>20）。

表 5.6 代数计算和算术计算任务的大脑激活区

脑区名称	坐标值			体积	T 值
	(x, y, z)				
代数计算					
右侧小脑	27	−66	−30	12578	12.74
右侧角回	30	−54	45		
左侧顶上回	−21	−63	45		
算术计算					
右侧顶下回	30	−54	48	21588	11.40
	27	−30	6		

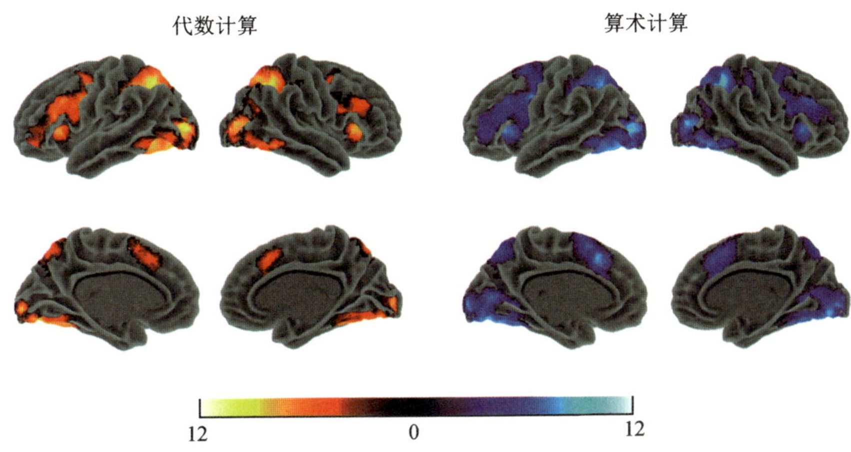

图 5.8 代数计算和算术计算的大脑激活图

通过比较两种任务间的差异发现，代数计算比算术计算更多地激活了双侧角回、左侧后扣带回、右侧额中、左侧眶内额上回、右侧眶部额下回、右侧背外侧额上回。算术计算相对于代数计算则更多地激活了左侧舌回、左侧距状裂周围皮层、右侧中央前回，双侧辅助运动区（$p<.005$，voxel>20，见表 5.7，如图 5.9 所示）。

表 5.7 代数计算和算术计算任务的激活差异脑区

脑区名称	坐标值 (x, y, z)			体积	T 值
代数计算>算术计算					
右侧角回	51	−57	36	305	5.35
	63	−54	18		
左侧后扣带回	−3	−45	33	186	4.82
	12	−42	36		
	9	−51	30		
右侧额中回	39	24	54	37	4.45
	27	27	48		
右侧小脑	12	−36	−15	98	4.12
	30	−33	−18		
	21	−27	−18		

续表

脑区名称	坐标值			体积	T 值
	(x, y, z)				
右侧眶部额下回	33	33	−15	37	3.69
	39	51	−15		
右侧梭状回	−30	−27	−21	30	3.52
左侧眶内额上回	−3	36	−12	41	3.43
	3	45	−15		
右侧角回	−45	−63	42	104	3.37
	−48	−66	30		
	−39	−57	18		
右侧背外侧额上回	15	30	51	20	3.35
算术计算>代数计算					
左侧脑岛	−30	21	9	2086	6.39
	30	18	12		
	27	39	18		
右侧中央后回	48	−33	57	57	3.71
左侧距状裂周围皮层	−21	−72	6	72	3.67
左侧脑岛	−15	−81	6		
	−3	−75	6		

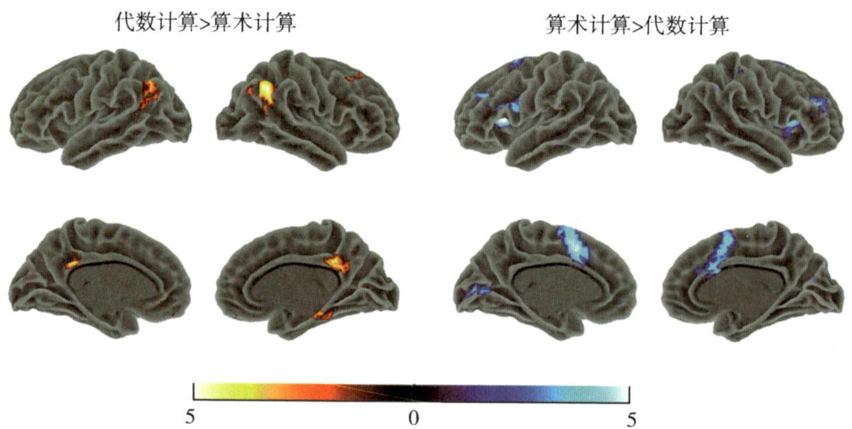

图 5.9 代数计算和算术计算的激活差异脑区图

5.2.3.3　功能连接分析结果

以左侧顶上小叶为种子点时，结果发现，相对于算术计算，代数计算更多地激活了从右侧顶下小叶到左侧顶下小叶、左侧角回、右侧背外侧额上回的连接；算术计算相对于代数计算，更多激活了左侧顶上小叶到左侧中央前回、双侧辅助运动区、右侧额中回和右侧枕下的连接。当以右侧顶下小叶为种子点时，代数计算更多地激活了从右侧顶下小叶到双侧侧角回、右侧额中回的连接；而算术计算更多地激活了右侧顶上小叶到辅助运动区和左侧舌回的连接（p＜.005，voxel＞20，见表 5.8，如图 5.10 所示）。

表 5.8　代数计算和算术计算任务的激活差异连接脑区

脑区名称	坐标值			体积	T 值
	(x, y, z)				
种子点：左侧顶叶					
代数计算＞算术计算					
右侧顶下缘角回	54	−57	48	313	5.29
	51	−57	30		
右侧额中回	45	18	48	51	4.39
	36	30	48		
左侧角回	−48	−69	33	100	4.01
	−42	−75	42		
	−48	−63	42		
左侧内侧和旁扣带脑回	0	−42	36	28	3.64
右侧背外侧额上回	15	30	54	30	3.25
	18	30	45		
右侧颞中回	69	−45	−3	22	3.21
	69	−36	−6		
	−36	45	3		
算术计算＞代数计算					
左侧辅助运动区	−6	9	54	245	5.67
左侧舌回	−6	−72	3	1408	5.48
	−18	−99	0		
	−15	−54	−3		

续表

脑区名称	坐标值 (x, y, z)			体积	T 值
右侧辅助运动区	9	9	54	582	5.02
	−3	9	54		
	−9	9	33		
左侧中央前回	−48	6	24	503	5.01
	−30	24	9		
	−33	6	24		
左侧中央前回	−45	−6	48	156	4.23
	−36	−6	45		
	−39	−3	63		
右侧丘脑	21	−15	6	36	4.21
	18	−18	−6		
	9	−21	−12		
右侧额中回	36	45	24	108	3.87
	27	39	24		
右侧枕下回	39	−87	−3	22	3.62
	36	−81	−12		
种子点：右侧顶叶					
代数计算>算术计算					
右侧角回	51	−57	33	136	3.90
	51	−57	51		
	45	−66	30		
右侧额中回	45	15	48	21	3.80
	36	30	48		
	42	24	51		
左侧角回	−48	−63	45	39	3.47
	−42	−72	39		
算术计算>代数计算					
左侧辅助运动区	−6	12	51	511	6.40
左侧舌回	−9	−72	3	862	5.30
	0	−66	−6		
	27	−60	6		

续表

脑区名称	坐标值 (x, y, z)			体积	T 值
右侧内侧和旁扣带脑回	9	6	30	539	5.24
	6	9	51		
	−9	6	66		
左侧岛盖部额下回	−36	12	18	636	4.92
	−27	24	12		
	−45	−6	48		
左侧前扣带和旁扣带脑回	−6	9	30	48	4.22
左侧楔前叶	−18	−51	42	32	4.18
右侧豆状苍白球	12	3	−6	32	4.00
	18	−15	−3		
右侧颞上回	51	−21	0	30	3.93
右侧额中回	30	48	21	100	3.88
	30	36	27		
	27	39	18		
右侧豆状壳核	30	12	9	45	3.75
	30	21	9		
左侧中央后回	−51	−33	60	21	3.63
	−30	−51	72		
左侧丘脑	−12	−18	0	20	3.27

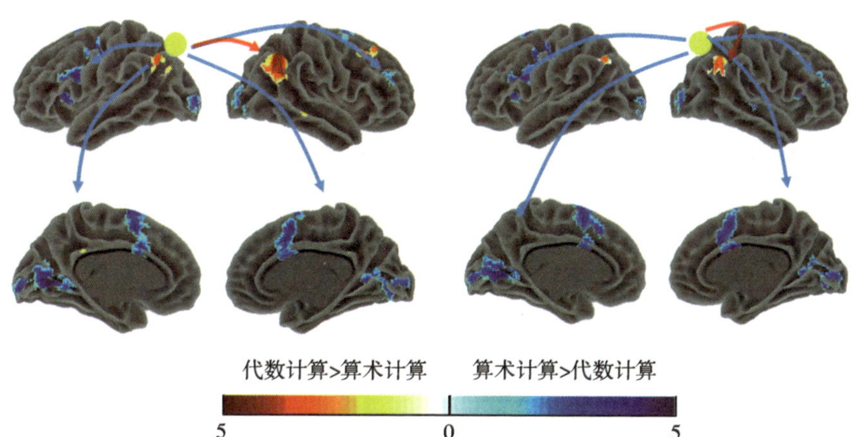

图 5.10　代数计算和算术计算的激活差异功能连接脑区图（种子点：顶叶）

当以左侧枕中为种子点时，结果发现，相对于算术计算，代数计算更多地激活了左侧枕中到双侧角回、左侧背外侧额上回、右侧额中回的连接；算术计算相对于代数计算更多地激活了左侧枕中到左侧中央前回、左侧辅助运动区的连接。当以右侧枕中为种子点时，相对于算术计算，代数计算更多地激活了右侧枕中到双侧角回、右侧背外侧额上回的连接；算术计算相对于代数计算更多激活了左侧枕中到左侧中央前回、左侧辅助运动区的连接（p<.005，voxel>20，见表 5.9，如图 5.11 所示）。

表 5.9　代数计算和算术计算任务的激活差异连接脑区

脑区名称	坐标值 (x, y, z)			体积	T 值
种子点：左侧枕叶					
代数计算>算术计算					
右侧角回	51	−60	48	217	4.94
	51	−57	33		
左侧背外侧额上回	−9	45	54	27	3.84
右侧额中回	36	27	48	106	3.77
	21	33	54		
	21	24	54		
左侧角回	−45	−63	42	29	3.58
算术计算>代数计算					
左侧豆状壳核	−27	3	18	110	4.21
	−36	12	18		
	−48	6	24		
左侧脑岛	−27	24	9	67	4.20
左侧辅助运动区	−6	9	51	87	4.14
	6	9	48		
	−6	6	72		
左侧中央前回	−27	−6	48	23	3.56
	−36	−6	45		
种子点：右侧枕叶					
代数计算>算术计算					
左侧角回	−45	−63	42	78	4.56
	−45	−63	51		
	−48	−60	27		

续表

脑区名称	坐标值 (x，y，z)			体积	T 值
右侧背外侧额上回	21	30	54	43	4.22
右侧角回	51	−57	30	42	3.54
	51	−60	48		
算术计算＞代数计算					
左侧豆状壳核	−27	3	18	683	4.72
	−6	9	51		
	−36	12	18		
右侧丘脑	18	−9	9	25	3.88
	15	−15	−3		
右侧脑岛	36	12	9	53	3.77
	36	9	0		
	33	21	15		
左侧辅助运动区	−24	−3	48	94	3.61
	−42	0	45		
	−45	−15	42		
右侧豆状壳核	18	9	−3	47	3.42
	18	3	15		
	18	15	9		

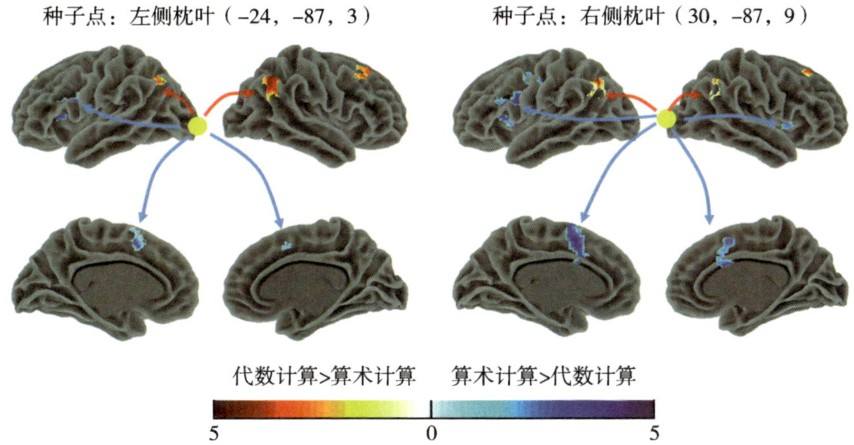

图 5.11　代数计算和算术计算的激活差异功能连接脑区图（种子点：枕叶）

5.2.4 讨论

本研究旨在探讨空间能力在代数计算的脑机制，验证代数计算是否比算术计算更依赖顶内沟活动。全脑分析结果发现，代数计算比算术计算更多地激活了顶叶，算术计算比代数计算更多地激活了辅助运动区等语言区。功能连接结果发现，代数计算主要依赖顶叶—顶叶之间的通路；算术计算主要依赖顶叶—辅助运动区之间的通路。

相对于算术计算，代数计算在双侧角回表现出更强的激活。以往的研究发现，角回和空间加工存在着紧密的关系。首先，角回受损的病人常常伴有空间能力的缺陷。古茨曼综合征（Gerstmann's）病人是这方面最经典的证据，该类患者为典型的左侧角回（left angular gyrus）受损，常常表现为数不清手指和左右混淆；Spalding（1950）发现，一名被子弹伤害而导致其右角回（right angular gyrus）受到损伤的患者，在受伤5年后依然存在空间认知方面的缺陷；通过神经影像学，Grabne 等人（2009）也发现，在完成空间任务（figural-spatial task）时，高数学能力组的被试比低数学能力组的被试的左侧角回有更多的激活。我们的研究发现，代数计算比算术计算能更多地激活顶叶区域，尤其是双侧角回区域。我们推测，代数学习中涉及由抽象字母表示的代数式之间的运算，但代数式不能压缩成一个有语意的字母，而是依赖对代数式空间组织的表征及其操作，来完成代数计算的加工。所以，代数计算过程涉及更多的空间加工。

背外侧前额叶（dorsolateral prefrontal cortex，DLPFC）是推理过程中重要的脑区（Crone et al.，2009；Dumontheil，Houlton，Christoff，& Blakemore，2010；Eslinger et al.，2009；Kroger et al.，2002）。例如，在归纳推理过程中整合多种关系时，背外侧前额叶的活性增强（Cheatwood et al.，2003；Christoff et al.，2001）；临床实践也表明，背

外侧前额叶皮层损伤患者处理关系整合问题的能力受损（Girelli，2004）。本实验发现，代数学习相比算术学习更多涉及顶叶—顶叶—背外侧前额叶之间的连接。这是因为，代数计算过程中代数式的匹配、运算等过程涉及代数规则的识别与运用，代数计算比算术计算涉及更多的推理成分。因此，顶叶和背外侧前额叶需要不断合作，从而完成代数计算加工。

相对于代数计算，算术计算更多地激活了辅助运动区，涉及更多顶叶—枕叶—辅助运动区皮质之间的连接。这一研究结果和以往关于数字计算的研究结果一致。以往研究发现，辅助运动区、枕叶是数字计算的关键区域（e. g.，Baldo & Dronkers，2007；Barnea-Goraly et al.，2005；Dehaene et al.，1999；Fehr，Code & Herrmann，2007；Fasotti，Eling，& Bremer，1992）。例如，Chochon，Cohen，van de Moortele，& Dehaene（1999）发现，辅助运动区是减法运算的关键区域；双侧枕叶受损的病人（D. F.）无法加工简单形状、线条朝向、字母，并且很难完成简单计算和数字广度任务（Efron，1969；Milner et al.，1991）。同时已有研究证明，辅助运动区被证明和语意有关（e. g.，Catarino et al.，2011；Sachs et al.，2008）。因此，在算术计算过程中，算术式可以计算出一个结果，一个算术式可以压缩成一个数字，再进行结果之间的比对，从而引起顶叶、枕叶、辅助运动区皮质之间协同合作，此过程涉及更多的语义加工。

5.3　实验 7：代数问题解决的脑成像研究

5.3.1　研究目的

该实验的主要目的是探讨代数问题解决中空间能力作用的脑机制。我们以代数问题解决和算术问题解决作为实验材料，利用功能磁共振成像技术，比较代数问题解决与算术问题解决大脑激活差异，验证代数问题解决比算术问题解决是否更依赖顶内沟活动，进而揭示代数问题解决和空间能力关系的脑机制。

5.3.2 方法

5.3.2.1 被试

该实验从北京大学和北京联合大学招募被试 24 名，男女各半。他们的年龄为 18～24 岁，平均年龄为 21.5 岁。所有被试者的裸眼视力或矫正视力均正常，均是右利手并且没有精神方面的疾病历史。所有被试在了解了有关的实验步骤之后，签署了此实验的知情同意书并承诺自愿参加实验。

5.3.2.2 实验材料

该实验运用两种实验材料，即代数问题解决和算术问题解决，使用英文字母表征的代数问题解决与使用阿拉伯数字表征数量的数字应用题，分别有两种难度，即需要 1 步解决的应用题（如小明有 a 支铅笔，小华有 b 支铅笔，两个人一共有多少支铅笔？或者小明有 9 支铅笔，小华有 3 支铅笔，两个人一共有多少支铅笔?）和需要 2 步解决的应用题（如小明有 a 支铅笔，小华有 b 支铅笔，小明分给小华几支后两个人的铅笔就一样多了？或者小明有 9 支铅笔，小华有 3 支铅笔，小明分给小华几支后两个人的铅笔就一样多了?）。以上应用题都是我国中小学教学大纲中要求掌握的内容。所有的材料均为黑底白字的图片，匹配文字长度、列式长度、运算符和运算术个数、任务难度，举例如图 5.12 所示。

5.3.2.3 实验程序

本实验程序的 fMRI 扫描采用组块设计。每个被试者需要完成 2 个 run 的功能核磁共振扫描，每个 run 持续 256 秒，包括 8 个任务组块和 8

个基线组块。通过被试内拉丁方设计来确定不同任务呈现的顺序（Bradley，1958）。每个任务组块包括 4 个刺激，共持续 32 秒；每个基线组块同样包括 4 个刺激，共持续 16 秒，组块内刺激的呈现顺序完全随机，肯定和否定反应各半。任务组块和基线组块交替出现。被试者在每个 run 之后均被要求休息 1～2 分钟（如图 5.12）。

任务态采用组块设计，采用匹配范式，要求被试者完成代数问题解决任务、算术问题解决任务。代数问题解决任务、算术问题解决任务通过按键判断屏幕下方左边和右边呈现的两个答案哪个是正确答案。基线任务为箭头方向一致性判断任务，即要求被试者判断屏幕左边和右边呈现的两个答案哪个与上面呈现的箭头一致。我们通过 E-Prime（Version 1.1）软件来呈现实验刺激材料和记录被试者的行为。

在实验开始前，主试对实验的内容和流程进行详细的讲解，被试者在充分理解实验内容和整个实验流程后，进行一定的练习并通过，然后进入核磁扫描室开始正式扫描。实验流程图如图 5.12 所示。

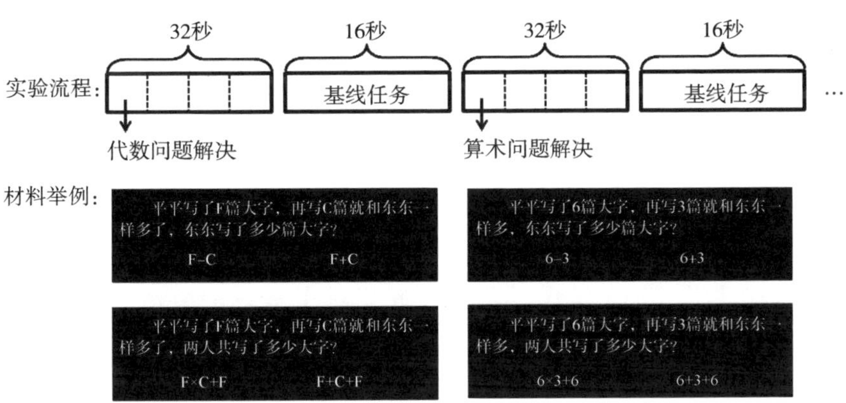

图 5.12　代数问题解决实验流程图

5.3.2.4　MRI 图像采集

功能磁共振图像的采集参数与 5.1.2.4 中相同。

5.3.2.5 数据分析

磁共振成像数据采用 SPM12 进行分析。首先，我们对数据进行预处理，分析方法同实验 5.1.2.5。然后对每个被试者的数据进行统计分析。通过建立每个被试的广义线性模型，在模型中设置代数问题解决和算术问题解决两个任务的开始时间和持续时间，得到每个人在两个任务下相对于基线条件的全脑信号。在组分析中，我们首先针对每个任务进行全脑的组分析，即 t 检验，得到两个任务下全脑激活的脑区。其次，我们对代数问题解决和算术问题解决进行联合分析，得到两个任务间的共同激活脑区。最后，为了检验各个任务在空间加工中相关脑区的大脑差异，我们进行了感兴趣分析，分析方法同实验 5.1.2.5。

5.3.3 结果

5.3.3.1 行为结果

代数问题解决任务和算术问题解决任务的错误率分别为 10.16% 和 9.96%，平均反应时为 3923 毫秒和 3822 毫秒。我们用重复测量方差对两种任务进行差异分析，结果显示，两种任务在正确率和反应时上均无显著性差异［错误率，$F(1, 23)=1.81$，$p>.05$；反应时，$F(1, 23)=2.83$，$p>.05$］。

5.3.3.2 全脑分析结果

表 5.10 和图 5.13 呈现了两种任务相对于基线的激活区域。结果发现，两种任务的激活模式相似：代数问题解决集中在双侧顶上回、双侧顶下回、左侧额上回、左侧额中回、双侧额下回、双侧枕中回等区域；算术问题解决主要集中在双侧顶上回、双侧顶下回、左侧额上回、左侧额中回、双侧额下回、双侧枕中回、左侧颞中回、左侧颞下回等区域（$p<0.005$，voxel>20）。

表 5.10　代数问题解决和算术问题解决的大脑激活区

脑区名称	坐标值 (x, y, z)			体积	T 值
代数问题解决					
左侧枕中回	−30	−63	39	401	11.23
左侧小脑	−27	−87	−18	1040	10.93
	−39	−72	−30		
	−54	−48	−18		
左侧三角部额下回	−42	15	30	1612	8.98
	−48	6	51		
	−48	33	21		
右侧小脑	9	−81	−42	654	6.29
	30	−78	−18		
	24	−84	−15		
右侧枕中回	30	−60	39	95	5.22
右侧三角部额下回	42	30	21	242	4.36
	51	33	24		
	42	15	30		
顶下缘角回	−48	−42	45	40	4.05
算术问题解决					
左侧小脑	−27	−87	−18	733	12.16
	−24	−93	−12		
	−39	−72	−30		
左侧枕中回	−27	−63	39	309	8.09
	−42	30	18	1348	7.45
	−48	9	48		
右侧枕下回	30	−81	−15	296	5.83
	36	−75	−27		
	39	−63	−36		
右侧小脑	12	−78	−42	188	5.69
	0	−48	−24		
	0	−60	−36		
左侧颞中回	−51	−33	−3	140	5.57
右侧三角部额下回	42	30	18	157	4.14
	51	33	24		
	51	30	33		

续表

脑区名称	坐标值 (x, y, z)			体积	T值
右侧枕上回	30	−63	39	39	3.76
左侧脑岛	−27	27	3	22	3.67
右侧眶部额下回	33	27	−6	20	3.55
	30	24	3		

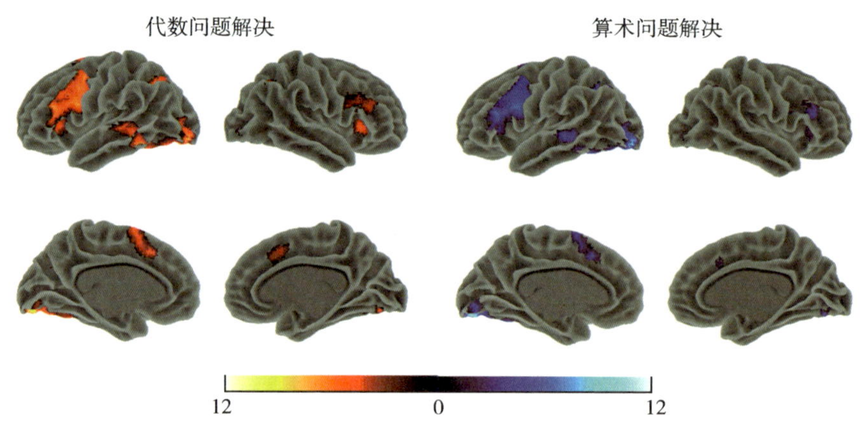

图 5.13 代数问题解决和算术问题解决的激活脑区图

通过比较两种任务间的共同激活发现，代数问题解决和算术问题解决共同激活了双侧顶上回、左侧顶下回、双侧额下回、双侧枕中回、左侧颞中回、左侧颞下回等区域（$p<.005$，voxel>20，见表 5.11，如图 5.14 所示）。

表 5.11 代数问题解决和算术问题解决的大脑共同激活脑区

脑区名称	坐标值 (x, y, z)			体积	T值
左侧小脑	−27	−87	−18	1027	12.63
	−24	−93	−12		
	−39	−72	−30		
左侧枕中回	−30	−63	39	382	10.28
左侧三角部额下回	−42	30	15	1653	8.39
	−48	9	48		
	−45	15	33		

续表

脑区名称	坐标值 (x, y, z)			体积	T 值
右侧小脑	9	−81	−42	701	6.88
	30	−81	−18		
	36	−75	−27		
右侧三角部额下回	42	30	21	219	4.67
	51	33	24		
	54	24	30		
右侧枕中回	30	−60	39	70	4.55
左侧尾状核	−18	−9	21	92	4.40
	−18	−24	21		
左侧顶下缘角回	−48	−42	45	21	3.41
	−51	−51	51		

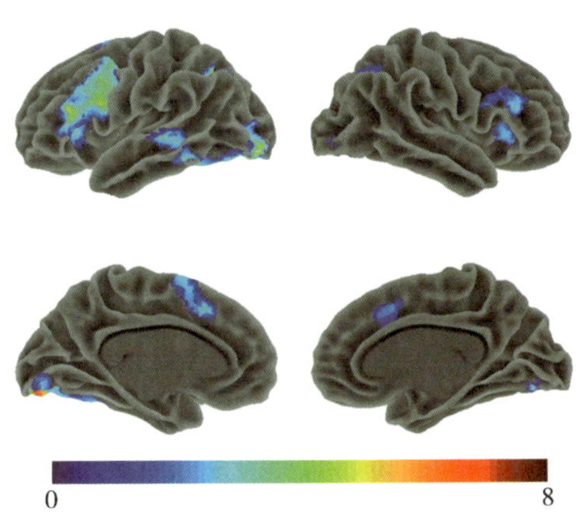

图 5.14　代数问题解决和算术问题解决的共同激活脑区图

5.3.3.3　感兴趣区分析

本研究在双侧顶叶四个兴趣区中进行了感兴趣分析，结果发现，在左侧顶上区域，代数问题解决和算术问题解决表征的大脑激活强度没有差异［$t(24)=.89$，$p=.890$］；在右侧顶上区域，代数问题解决和算术问题解决表征的大脑激活强度没有差异［$t(24)=0.78$，$p=0.778$］；在左侧顶下区域，代数问题解决和算术问题解决表征的大脑激活强度没有差异

[$t(24)=.73$，$p=.472$]；在右侧顶下区域，代数问题解决和算术问题解决表征的大脑激活强度没有差异 [$t(24)=.12$，$p=.906$]（如图 5.15 所示）。

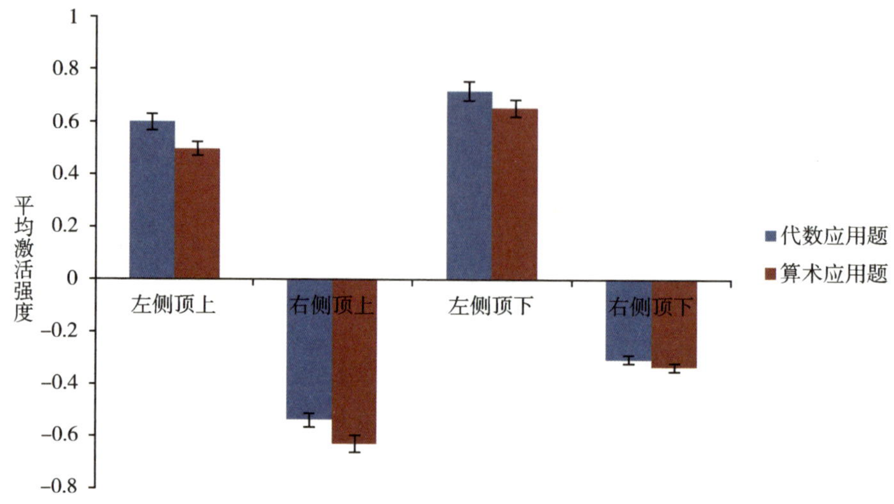

图 5.15 代数问题解决和算术问题解决 ROI 分析图

5.3.4 讨论

本研究进一步探讨了空间能力在代数问题解决中的作用的脑机制，验证了代数问题解决是否比算术问题解决更依赖顶内沟活动。全脑分析结果发现，代数问题解决和算术问题解决都激活了顶叶，并且通过感兴趣区分析发现，这两种问题解决在顶叶激活上不存在显著差异。这表明，代数问题解决和算术问题解决都依赖空间的相关脑区，但两者在顶叶的激活没有显著的差异。

首先，以往的研究发现，顶内沟及其附近区域是代数方程和代数问题解决加工的关键脑区（Anderson et al.，2003，2012；Danker & Anderson，2007；Lee et al.，2007；Monti et al.，2012；Qin et al.，2004；Sohn et al.，2004)，并把顶内沟区域的激活解释为数量模块的作用，认为代数学习涉及数量比较过程，因此，有更多的视觉表象加工需求

(imagined transformations of algebraic equations）和视觉注意需求（attentional selection and orientation)。而本实验中用纯字母表示的代数问题解决并不包含数量信息，但同样激活了顶叶区域，这说明，代数问题解决特异性激活顶叶区域并不是因为代数问题解决中包含着数量。

其次，代数问题解决和算术问题解决对顶叶的激活没有显著的差异，这说明数字和字母在表达形式方面的差异并未造成两者对空间能力需求的不同。已有的研究发现，数字加工与字母加工相比，更多地激活了双侧顶内沟区域（Eger et al.，2003)。而此研究也发现，用数字表达的算术问题解决和用字母表达的代数问题解决顶叶区域的激活并没有显著差异。因此，表达形式的差异没有导致代数问题解决和算术问题对空间能力需求的差异，两者需要的空间能力不是来自字母和数字的本身，可能来自问题解决本身的空间加工。不同类型的问题解决都和空间加工相关的顶叶区域有关，包括一般问题解决（Goel，2007；Prado et al.，2011)、数学系列推理（Goel et al.，2000；Goel & Dolan，2001)、几何问题解决（Jordan et al.，2001）等。

另外，本研究发现，代数问题解决和算术问题解决同时也共同激活了颞叶区域。研究者用神经心理学和脑成像的方法发现，该区域在语义加工和句子理解中发挥着重要的作用。首先，颞叶损伤的病人常常患有失读症(Maeda & Ogawa，2011)、失语症（Warren，Crinion，Lambon，Ralph，& Wise，2009）等语言加工障碍。其次，在完成语义种类判断、词汇判断、词汇产生等多种语义加工任务，颞叶区域会被显著激活。例如，以英语为母语的被试在进行语义种类判断时，颞中、颞上皮层被显著激活(Pugh et al.，2005)；一项关于词语产生的元分析发现，颞上回和颞中回后部在词语产生过程中发挥着重要作用；再次，以汉语为母语的被试在完成汉语动词产生任务时也表现出双侧颞上回脑区的激活（Dong，2005)。最后，已有脑成像研究表明，颞叶在应用题解决中发挥着重要作用。例如，Lee et al（2007）发现，与计算任务相比，个体在完成应用题解决任务时，右侧颞上和颞下区域有更多的激活；额叶损伤病人和正常控制组相比，颞叶损伤患者问题解决测验的得分更低（Fasotti et al.，1992）。因此，代数问题解决和算术问题解决在颞叶区域有更显著的激活，说明了语义加工在这两类问题解决中同时发挥着重要作用。

| 第 6 章 |

综合讨论

通过认知行为实验、眼动实验及功能磁共振成像实验，本研究探索了空间能力在代数学习中的作用及其认知与脑机制，并试着解释“空间能力是否在代数学习中起作用?”这个问题。结果显示，空间能力独立作用于代数计算和代数问题解决这两种代数学习，并且这种关系不受其他认知因素的影响。进一步研究发现，空间能力不仅其本身影响着代数学习，并且在推理能力与代数学习能力之间发挥着中介作用。另外，神经机制研究发现，代数表征和加工更多地依赖空间加工的相关脑区。

下面，我们围绕本研究的关键科学问题，对实验的主要结果进行讨论和总结。

6.1 空间能力在代数学习中的作用机制

6.1.1 空间能力是影响代数学习的关键认知因素

在研究一中，我们揭示了空间能力在代数学习中的作用，同时也解决了以往研究把代数和算术混合在一起不能正确区分代数学习还是算术学习的缺陷。通过探讨空间能力与代数计算、代数问题解决这两种代数学习的关系，我们发现，空间能力和代数计算存在显著的正相关关系；并且在控制空间能力之外的其他所有认知因素后，空间能力和代数计算、代数问题解决仍然存在显著的正相关性。这说明空间能力是代数学习的关键认知因素。空间能力和数学能力存在着紧密的关系，算术学习能力、几何加工能力都与空间能力关系紧密（e. g.，Berg，2008；Krajewski & Schneider，2009；Wei et al.，2012；Zhang et al.，2012）。以往的研究大多将字母表达的代数学习与数字表达的算术学习甚至和几何加工混合在同一测试中（Reuhkala，2001；Tolar et al.，2009），没有把代数学习的认知因素分离出来，无法说明空间能力与数学成就的高度相关是来自代数学习、算术学习还是几何学习。本研究将代数学习与算术学习分离开来，采用“纯粹的”代数材料，即只包含字母和数学运算符的代数式（如 $a+b+c$），并与算术学习（如 1+2+3）做对比，从而证实了空间能力是代数学习的关键认知因素。

研究一除了发现空间能力自身对代数学习的影响，同时也发现空间能力会影响其他一般认知能力和代数能力关系，具体表现为：在控制被试者的性别、年龄、简单反应时、图形匹配、点阵数量比较、词语理解后，空间能力可以完全中介图形关系推理能力和代数计算之间的关系，部分中介图形关系推理能力和代数问题解决之间的关系。这些结果说明，空间能力除了直接影响代数学习还会影响其他认知能力和代数学习之间的关系，并且空间能力对代数计算与代数问题解决的作用不同。

以往的研究发现，推理能力和数学能力高度相关（Kruteckij，1976）。本研究同样发现推理能力和代数计算存在显著的相关性，并且发现，空间能力可以完全中介图形关系推理能力和代数计算之间的关系，这说明推理能力对代数计算的作用是通过空间能力的中介作用实现的：图形关系推理能力先作用于空间能力，继而作用于代数计算。这可能是因为代数计算中的表达式是由字母表示的，代数式用抽象的字母表示，进行的是代数关系的运算，理解代数之间的关系需要抽象思维能力。因此，图形关系推理能力通过影响空间能力继而作用于代数计算能力。

本研究同时发现，推理能力和代数问题解决存在着显著的相关性，但空间能力部分中介图形关系推理能力和代数问题解决之间的关系，这说明空间能力和图形关系推理能力分别作用于代数问题解决：一方面空间能力是影响数学应用题解决的关键能力，空间想象力对数学应用题的解决能力起着十分重要的作用（Hegarty，Mayer，Richard E，Monk，&Christopher，1995；Hegarty，Kozhevnikov，&Maria，1999）；另一方面，推理能力也是影响数学问题解决的关键能力之一（Gick，Holyoak &Keith，1996；Greeno，Simon，&Herbert，1988；Jonassen，Hernandez-Serrano & Julian，2002），这是因为，想要解决数学应用题就需要在理解题目表述场景的基础上，对各个事件发生的时间顺序乃至事件的作用者与被作用者的关系进行逻辑分析，在理清脉络之后进行数值计算得到答案。因此，推理能力是影响数学应用题解决的关键能力之一（Greeno et al.，1988；Jonassen et al.，2002；Gick，1980）。

6.1.2 空间能力在代数学习和算术学习中的作用存在差异

研究一的行为实验结果和研究二的眼动实验结果一致表明，空间能力对算术学习和代数学习的作用存在显著差异。

代数计算和算术计算的对比发现，空间能力对代数计算与算术计算是否发挥着重要作用，受到符号和数字表示形式的影响。对于用数字表示的算术计算，空间能力没有发挥关键的作用，这可能是因为，算术计算涉及更多的语言加工。以往的研究发现，语言加工和计算加工的关系十分密切，研究者发现这两种类型的加工共享相同的工作记忆资源（e.g.，Fedorenko，Gibson，&Rohde，2007；Wei et al.，2012）。相对其他认知能力（如空间能力），语言能力比算术计算（尤其心算）更重要（Solan，1987）。因此，在算术计算中，语言策略更多被使用，空间能力对算术计算的作用可能通过影响其他一般认知能力，从而间接地影响算术计算。对于用字母表示的代数计算，空间能力发挥着关键的作用。这是因为代数计算用字母表示。例如，在代数计算中，判断 $a-b-c$ 是否等于 $a-(b+c)$，在算术计算中判断 9－3－2 是否等于 8－(2＋2)。代数计算并不像算术计算那样计算出一个数字，代数计算过程需要进行代数式之间的对比、匹配，主要依赖对字母、运算符空间组织的表征及其操作，从而完成整个加工过程。代数计算的目的是形成某个表达式或者对某个表达式进行变形，而不是像算术计算那样，要获得一个确定的结果（Booth，1988）。因此，代数计算和空间能力表现出显著的相关性。

通过眼动实验，我们发现了代数计算和算术计算的分离。代数计算任务的水平眼跳距离、回视次数、总注视次数显著高于算术计算任务，而算术计算任务的第一次注视持续时间显著高于代数计算任务。这说明与算术计算相比，代数计算加工过程比算术计算加工需要更多的空间资源。代数计算加工过程字母数量没有变化，而算术计算过程数字数量减少，代数计算过程需要反复比较两个代数式的关系。因此，代数计算加工过程需要更多的空间资源。

我们通过代数问题解决和算术问题解决的对比发现，空间能力对代数问题解决与算术问题解决都发挥着重要作用，它不受符号和数字表示形式的影响。这说明空间能力在问题解决中发挥作用的主要原因在于问题解决的表征需要空间能力。以往的研究也发现，不同的问题解决需要大量的空间能力参与。无论是代数问题解决，还是算术问题解决都需要从问题的语言表达中抽象出问题的关系。也就是说，在解决数学应用题的心理过程中，空间想象扮演了重要的角色（Krute tS Kiĭ，1976）。因此，空间加工在问题解决中起着非常重要的作用。

通过眼动实验，我们同时发现代数问题解决和算术问题解决对空间需求不存在差异。代数计算和算术计算对空间资源的需求不同，而数字和字母这两种不同的表达形式并未造成代数问题解决和算术问题解决在空间能力需求上的差异，这和实验 2 的行为研究结果一致。

6.1.3 代数学习依赖与空间加工有关的脑区

在研究三中，我们采用功能磁共振成像技术，考察被试者在进行代数表征和加工时的大脑激活特点和功能连接的模式，从神经机制层面揭示了空间能力在代数学习中发挥作用的原因。在三个实验中我们分别研究了代数问题表征的特点，代数计算与算术计算之间的全脑激活差异和感兴趣区激活差异，代数问题解决与算术问题解决之间的全脑激活差异和感兴趣区激活差异，结果表明：①代数问题解决的代数表征和模型表征均涉及更多的空间加工。②代数计算比算术计算更多地激活了顶叶，算术计算比代数计算更多地激活了辅助运动区等语言区。在功能连接上，代数计算主要依赖顶叶－顶叶－背外侧前额叶皮质之间的通路；算术计算主要依赖顶叶—辅助运动区—枕叶之间的通路。③代数问题解决和算术问题解决在顶叶激活上没有差异。这些结果验证了行为结果的结论，从神经影像学上证实了代数学习依赖空间相关的脑区。

首先，代数符号表征需要空间加工的参与。代数问题的符号表征和图形表征与语义表征相比，二者都显著激活了顶叶脑区，并且涉及左侧枕叶—左侧顶叶—右侧顶叶—背外侧额上回皮质之间的连接。已有研究证明，代数模型表征所表现出来的对顶叶的依赖也是由于空间能力的参与。这是因为，大脑的顶叶皮层与图形、形状加工有关。例如，二维和三维图形的心理旋转任务显著激活了左侧顶下小叶和右侧顶上小叶后部（Alivisatos & Petrides，1996；Schendan & Stern，2007；Knauff et al.，2002；Vingerhoets et al.，2002）。另外，与图形有关的语言任务也同样激活了顶叶相关的区域。例如，几何术语的加工（判断正方形与长方形、圆这两个术语的关系）比代数术语的加工（判断纯小数与真分数、整数这两个术语的关系）在顶叶有更多的激活（Zhang et al.，2012）。研究者将这些结果解释为图形加工过程需要视空间想象的参与。而代数模型表征涉及图形加工的过程，所表现出来的对顶叶的依赖也可能是由于空间能力的参与。

运用字母的符号表征和运用图形的模型表征同样比语言表征表现出双侧顶叶更多的激活以及左右顶叶之间的连接。这说明代数的符号表征和模型表征有类似的神经机制，即两者同样需要依赖空间脑区的参与。代数问题解决的代数表征不仅是问题关系表示的过程，不是纯语言的转换（Terao et al.，2004），它需要空间的参与。同时，这一结果也与符号表征的脑区相同。例如，Carreiras 等人（2014）利用字符串匹配任务发现，英文字母比阿拉伯数字和有意义的符号（如“%”和“&”）在顶上区域明显有更多激活，并提出左侧顶叶参与字母识别过程，特别是字母位置编码加工。Reilhac 等人（2013）也发现，双侧顶上和顶下区域在字母察觉、识别和位置编码中起着重要作用。所以说，代数问题表征是一种依赖顶叶对字母和运算符进行空间形状、空间位置和空间关系的加工。

其次，代数计算依赖顶叶等空间相关的脑区。已有的研究发现，顶叶和算术计算有关（Ansari，2008；Nieder & Dehaene，2009）。但最近的神经成像研究表明，表征数量的脑区域也表征空间量，那么这些脑区在功能上就并不是专属于数的问题（Pinel，Piazza，et al.，2004），且空间能力与其他数学能力的相关关系在许多研究中也得到了证明。我们的研究发现，代数计算比算术计算更多激活了顶叶区域，我们认为，对于用纯粹字母表示的代数计算来说，代数计算比算术计算需要更多的顶叶参与。代数学习中涉及由抽象字母表示的代数式之间的运算，但代数式不能压缩成一个有语意的字母，只能通过空间表征的形式进行代数式之间的匹配。所以，代数计算过程比算术计算过程需要更多的空间加工。另外，我们发现，代数计算比算术计算涉及更多顶叶—背外侧前额叶皮质之间的连接。这是因为背外侧前额叶是推理过程中重要的脑区（Camillo et al.，2014）。

在代数计算过程中，代数式的匹配、运算等过程不断地涉及代数规则的识别与运用，顶叶和背外侧前额叶需要不断合作，从而完成代数计算加工。

算术计算比代数计算有更多的辅助运动区的激活，并且算术计算比代数计算更多涉及顶叶—辅助运动区—枕叶之间的连接，这说明算术计算需要更多的语言加工。而在算术计算过程中，算术式可以计算出一个结果，一个算术式可以压缩成一个数字，所以算术计算比代数计算需要更多的语意过程，从而顶叶、枕叶、辅助运动区皮质之间能够协同合作，进而完成算术计算加工。这和以往的关于数字计算的研究结果一致，辅助运动区、枕叶被认为是数字计算的关键区域（e. g.，Baldo & Dronkers，2007；Barnea-Goraly et al.，2005；S. Dehaene，E. Spelke，P. Pinel，R. Stanescu，&S. Tsivkin，1999；Fehr，Code，&Herrmann，2007；Fasotti，Eling，&Bremer，1992）。同时，已有研究证明，辅助运动区被证明和语意有关（e. g.，Catarino et al.，2011；Sachs et al.，2008）。因此，算术计算加工涉及更多的语义加工过程。

最后，代数问题解决依赖顶叶等空间相关的脑区。代数问题解决和算术问题解决都激活了顶叶，并且通过感兴趣区分析发现，这两种问题解决在顶叶激活上不存在显著差异。这说明用数字表达和用字母表达两种不同表达形式没有导致代数问题解决和算术问题解决对空间能力在需求上的差异，否定了顶内沟及其附近区域是代数方程和代数问题解决加工的关键脑区的“数量模块”解释。“数量模块”认为代数学习对顶叶的依赖是因为代数学习涉及数量比较过程，代数问题解决有更多的视觉表象加工需求和视觉注意需求。而本实验中用纯字母表示的代数问题解决并不包含数量信息，但同样激活了顶叶区域，这说明代数问题解决特异性激活顶叶区域并不是因为代数问题解决中包含着数量，可能来自问题解决本身的空间加工，不同类型的问题解决都和空间相关的顶叶区域有关，包括一般问题解决（Goel，2007；Prado et al.，2011）、数学系列推理（Goel et al.，

2000；Goel & Dolan，2001）、几何问题解决（Jordan et al.，2001）等。

算术问题解决和代数问题解决也共同激活了颞叶皮层。该区域在语义加工和句子理解中发挥着重要的作用，在完成语义种类判断、词汇判断、词汇产生等多种语义加工任务时，颞叶区域会被显著激活（Pugh et al.，2005；Dong，2005）。代数问题解决和算术问题解决都需要通过对语言描述的数学关系进行理解和分析，并运用基本数学知识把通过语言描述的数学关系转化为抽象的数学关系，这一过程涉及一般语义的加工。这说明空间策略也许不是解决代数问题和算术问题的唯一途径，一些职业数学家更可能采用语言策略解决数学问题（Penrose & Gardner，1999）。因此，语言能力对两者的作用也同样重要。

6.2 本研究的贡献及对数学教育的启示

本研究围绕“空间能力在代数学习中是否发挥着不可替代的关键作用，以及其脑机制是什么?”这个问题，从认知行为研究层面、心理表征层面及神经基础层面揭示了空间能力如何在代数学习中发挥关键作用的认知与脑机制。本研究的贡献主要有以下几点：

第一，全面深入地考察了代数学习与空间能力的关系。首先，空间能力独立作用于代数计算和代数问题解决这两种代数学习，并且这种关系不受其他认知因素的影响；其次，空间能力除了直接影响代数学习还会影响其他认知能力和代数学习之间的关系。

第二，我们发现，空间能力在代数学习和算术学习中的作用的差异，并对比了代数学习和算术学习的眼动模式，发现，代数计算比算术计算需要更多的空间资源，而代数问题解决和算术问题解决在空间资源需求上并未表现出差异，从心理表征层面揭示了代数学习和空间能力存在紧密关系的原因。

第三，我们对代数学习的脑机制进行了探讨，发现，与空间加工相关的脑区是代数符号表征、代数计算、代数问题解决所依赖的重要脑区，揭示了代数学习对空间加工依赖的神经机制。

第四，本研究所采取的代数学习研究的方法对今后在此方面的研究有一定的借鉴意义，如对代数学习机制的研究要充分考虑算术学习的干扰。

本研究揭示了空间能力在代数计算、代数问题解决这两种代数学习中发挥着重要的作用，并深入探讨了这种作用的认知与脑机制。这些研究结果充分肯定了空间能力在代数学习中的重要价值，对今后代数课程的改革、教学与学习都有一定的指导作用。

首先，培养学生对代数知识进行多元表征的能力，这将对今后学习代数这门学科有很大的益处。代数是一门可以通过其自身体现出事物量化的学科，其揭示了事物本质和规律，并且通过函数、语言、数学术语等形式对事物进行更加全面和丰富的反映。然而，如果我们要准确无误地分析问题，发现其根本，科学合理地开展相关工作，并使思考问题的能力得到提高，那么用符号表征的形式来反映量的关系是非常有必要的。然而，一般人很难理解抽象的代数。其实在初等代数研究过程中，其他言语、图像、数字等表达形式的支持和检验与符号表达逻辑形式有着非常紧密的联系。所以，用图形表征、模型表征的方式对代数知识进行理解，采用具体与抽象相结合的方式可以更有效地理解代数知识。

其次，重视算术与代数之间的区别与衔接。一方面，代数计算和算术计算的认知机制不同，算术计算和代数计算的学习和教学应区别对待。算术计算主要运用的是语言策略，并且激活了语言相关的脑区，在算术教学中合理地使用运算口诀可以达到很好的效果；而在代数式计算中除了运算规则的记忆外，应注重空间能力在代数计算中的作用。另一方面，本研究发现，代数问题解决和算术问题解决的认知机制相同，算术问题解决和代数问题解决需要空间能力的参与。因此在算术问题的学习中应多注重模型表征的运用，这样不仅可以有效地进行算术问题解决的学习，而且可以为代数问题解决提供基础。

最后，针对那些解决代数问题能力差的学生，空间能力训练或许可以有效地改善他们学习代数的状况。已有研究证明，空间能力可以通过练习得到提高（Balke-Aurell，1982；Deno，1995；Rafi，Anuar，Samad，Hayati，&Mahadzir，2005；Yang & Chen，2014）。例如，Deno（1995）发现非学术活动（如搭建模型、写生和装配零件）和视空间能力呈正相关关系。Balke 和 Aurell（1982）的研究发现，在以技术性课程为主的学校里接受教育的学生表现出空间能力更多的提升。一项干预研究发现，对未上岗教师进行 5 周的网络虚拟环境训练后，他们的空间能力得到显著提升（Rafi et al.，2005）。在发现空间能力的改变可能对代数学习有一定的帮助后，对于代数学习能力差的学生，其学不好代数的原因可能是其空间能力比较差。这些学生在学习代数时，可能会出现以下问题：虽然他们对于代数的运算定律记得非常熟练，但在需要一些空间加工因素时，他们便束手无策，这就使得他们在整个学习过程中困难重重，并不能达到学校要求的整体标准。过去的研究工作发现，这种空间加工能力可以通过后天的学习和实践获得，空间能力差的个体得到的帮助和提高最明显（Uttal，2013）。因此，对于那些在代数学习过程中困难重重的学生，空间能力的提高会给他们的学习带来很大的帮助。

6.3 本研究的特色与创新之处

第一，本研究注重理论创新，围绕“空间能力是否在代数学习中发挥关键作用?”这个问题，提出“空间加工假设”，从认知行为层面、心理表征层面以及神经基础层面论证了空间能力在代数学习中发挥着重要作用。“空间加工假设”认为，空间能力是代数学习的认知基础之一，它在代数学习中比在算术学习中发挥着更为重要的作用，并且是代数学习特异性地依赖顶叶（特别是顶内沟区域）的主要原因。

第二，本研究首次揭示了空间能力在代数学习中的作用的认知与脑机制。空间能力在 STEM 学科中发挥着重要的作用。在数学认知领域已有的研究主要焦点是数量加工与算术学习，并揭示了空间能力在算术学习中的作用的认知与脑机制。本研究首次从认知行为层面、心理表征层面及神经基础层面揭示了空间能力在代数学习中发挥着重要作用。这将填补该领域研究的空白，同时，也让我们跳出数量加工与算术学习的藩篱，从更全面的角度和更深入的层次看待数学加工。

第三，本研究首次比较了空间能力对代数学习和算术学习作用的差异。已有研究大多将代数学习与算术学习混合在同一测试中，无法辨别代数学习本身的认知与神经机制，缺乏直接证据表明空间能力与代数学习的关系是什么，以及为什么代数学习的关键脑区在顶叶，特别是顶内沟区域。本研究使用只含有字母（为排除数字带来的数量信息的影响）的代数学习和算术学习作为研究材料，通过认知行为实验、眼动实验和脑成像实验全面揭示了空间能力对两者作用的机制。

第四，本研究用大样本的认知测验方法揭示了空间能力和代数学习的关系。心理学实验结果的不可重复性是最近讨论的一个焦点，根据《科学》和《自然》期刊的文章报告，发表在重点心理学期刊上的实验结果不能重复。采用大样本的测试可能是解决这一问题行之有效的方法之一。本研究的两个认知行为实验样本量都在 240 以上，从实验样本的角度保证了该实验的有效性和可重复性。

6.4　本研究的不足及有待进一步研究的问题

围绕“空间能力在代数学习中是否发挥不可替代的关键作用，以及其脑机制是什么?”这个问题，我们展开了一系列研究，从认知行为研究层面、心理表征层面及神经基础层面对空间能力和代数学习的关系进行了揭示。尽管本研究在这方面取得了一些进展，初步肯定了代数学习和空间能力之间存在着紧密关系，并且也对代数学习依赖空间能力的原因进行了一定的解释，但是，本研究还是有较多方面的工作做得不够充足，今后的工作将从以下这些方面着手进行更加深入的探讨：

首先，在空间能力任务上，由于时间原因，我们只选取了三维心理旋转这个典型的任务，未探讨其他空间能力对代数学习的作用。在后续的研究中，其他空间能力任务与代数学习的关系还有待进一步研究。

其次，在研究内容上，本研究涉及的代数学习主要为初等代数，未研究空间能力在更高等级的代数学习中所发挥的作用。所以，本研究的研究因素相对单一，除了初等代数学习，应该研究更多的代数内容，覆盖更多的知识。更高等级的代数计算、代数问题解决是否与空间能力也密切相关，其认知和脑机制是如何表现的，这些方面都是我们今后需要更深入研究的。

最后，在研究对象上，本研究所选取的被试主要是大学生，未考察中学生进行代数学习时是否也表现出相同的机制，后续的研究需要进一步考虑被试取样的多样性。

| 第 7 章 |

研究结论

本研究围绕“空间能力在代数学习中是否发挥不可替代的关键作用，以及其脑机制是什么?”这个问题，从认知行为层面、心理表征层面及神经基础层面揭示了空间能力在代数学习中发挥关键作用的认知与脑机制。本研究主要结论如下：

第一，空间能力独立作用于代数学习，并且这种关系不受其他认知因素的影响。另外，空间能力除了直接影响代数学习还会影响其他认知能力和代数学习之间的关系。因此，空间能力是影响代数学习的关键认知因素。

第二，空间能力可以完全中介图形关系推理能力和代数计算之间的关系，部分中介图形关系推理能力和代数问题解决之间的关系。这说明，空间能力除了直接影响代数学习，还会影响其他认知能力和代数学习之间的关系。

第三，代数符号表征、代数计算加工和代数问题解决都表现出在与空间相关的顶叶区域有相对特异性激活以及代数符号表征、代数计算加工表现出对顶叶—顶叶之间神经通路的依赖。这从神经影像学上证实了空间能力如何在代数学习中发挥作用。

第四，空间能力对代数学习和算术学习的作用存在差异，即代数计算比算术计算需要更多的空间资源，而代数问题解决和算术问题解决在空间资源需求上并未表现出差异。

参考文献

[1] Ansari D, Dhital B. Age-related changes in the activation of the intraparietal sulcus during nonsymbolic magnitude processing: Age-related functional magnetic resonance imaging study [J]. Journal of Cognitive Neuroscience, 2006, 18 (11): 1820 - 1828.

[2] Arthur F. C. Spearman, The Abilities of Man [J]. Mind, 1927, 16: 49 - 492.

[3] Alivisatos B, Petrides M. Functional activation of the human brain during mental rotation [J]. Neuropsychologia, 1997, 35 (2): 111 - 118.

[4] Altmann G. T. M. Language-mediated eye movements in the absence of a visual world: The "blank screen paradigm" [J]. Cognition, 2004, 93 (2): B79 - B87.

[5] Amerom, B. A. V. Focusing on informal strategies when linking arithmetic to early algebra [J]. Educational Studies in Mathematics, 2003, 54 (1): 63 - 75.

[6] Anderson J. R, Betts S, Ferris J. L, et al. Tracking children's mental states while solving algebra equations [J]. Human brain mapping, 2012, 33 (11): 2650 - 2665.

[7] Anderson J. R, Qin Y, Sohn M. H, et al. An information-processing

model of the BOLD response in symbol manipulation tasks [J]. Psychonomic Bulletin & Review, 2003, 10 (2): 241 - 261.

[8] Anderson K. L, Casey M. B, Thompson W. L, et al. Performance on middle school geometry problems with geometry clues matched to three different cognitive styles [J]. Mind, Brain, and Education, 2008, 2 (4): 188 - 197.

[9] Ansari D, Donlan C, Thomas M. S. C, et al. What makes counting count? Verbal and visuo-spatial contributions to typical and atypical number development [J]. Journal of experimental child psychology, 2003, 85 (1): 50 - 62.

[10] Ansari D, Fugelsang J. A, Dhital B, et al. Dissociating response conflict from numerical magnitude processing in the brain: An event-related fMRI study [J]. Neuroimage, 2006, 32 (2): 799 - 805.

[11] Ashkenazi S, Rosenberg-Lee M, Tenison C, et al. Weak task-related modulation and stimulus representations during arithmetic problem solving in children with developmental dyscalculia [J]. Developmental Cognitive Neuroscience, 2012, 2: S152 - S166.

[12] Aydin K, Ucar A, Oguz K. K, et al. Increased gray matter density in the parietal cortex of mathematicians: a voxel-based morphometry study [J]. American Journal of Neuroradiology, 2007, 28 (10): 1859 - 1864.

[13] Badets A, Boutin A, Heuer H. Mental representations of magnitude and order: A dissociation by sensorimotor learning [J]. Acta psychologica, 2015, 157: 164 - 175.

[14] Baldo J. V, Dronkers N. F. Neural correlates of arithmetic and language comprehension: A common substrate [J]. Neuropsycholo-

gia，2007，45 (2)：229 - 235.

[15] Banerjee R. Developing a learning sequence for transiting from arithmetic to elementary algebra [D]. Unpublished doctoral dissertation. Mumbai：Homi Bhabha Centre for Science Education，Tata Institute of Fundamental Research，2008.

[16] Barton，K. B. Stages in the history of algebra with implications for teaching [J]. Educational Studies in Mathematics，2007，66 (2)：185 - 201.

[17] Barnea N，Dori Y. J. High-School Chemistry Students' Performance and Gender Differences in a Computerized Molecular Modeling Learning Environment [J]. Journal of Science Education and Technology，1999，8 (4)：257 - 271.

[18] Barnes G，Francis S，Hillebrand A，et al. The spatial relationship between event-related changes in cortical synchrony，and the haemodynamic response：an MEG-fMRI study [J]. Neuroimage，2001，13 (6)：71 - 71.

[19] Bednarz，N，Janvier，B. Emergence and Development of Algebra as a Problem-Solving Tool：Continuities and Discontinuities with Arithmetic [M]. Approaches to Algebra. Springer Netherlands，1996.

[20] Booth，L. R. Children's difficulties in beginning algebra [J]. The ideas of algebra，1988，K-12，20 - 32.

[21] Chang K，Barnea-Goraly N，Karchemskiy A，et al. Cortical magnetic resonance imaging findings in familial pediatric bipolar disorder [J]. Biological Psychiatry，2005，58 (3)：197 - 203.

[22] Berns G. S，Chappelow J，Zink C. F，et al. Neurobiological correlates of social conformity and independence during mental rotation

[J]. Biological Psychiatry, 2005, 58 (3): 245-253.

[23] Battersby W. S, Bender M. B, Pollack M, et al. Unilateral "spatial agnosia" (" inattention") in patients with cerebral lesions [J]. Brain, 1956, 79 (1): 68-93.

[24] Battista M. The interaction between two instructional treatments of algebraic structures and spatial-visualization ability [J]. The Journal of Educational Research, 1981, 74 (5): 337-341.

[25] Battista M. T. Spatial visualization and gender differences in high school geometry [J]. Journal for research in mathematics education, 1990, 21 (1): 47-60.

[26] Beauchamp M. S, Petit L, Ellmore T. M, et al. A parametric fMRI study of overt and covert shifts of visuospatial attention. [J]. Neuroimage, 2001, 14 (2): 310.

[27] Berg D. H. Working memory and arithmetic calculation in children: The contributory roles of processing speed, short-term memory, and reading [J]. Journal of experimental child psychology, 2008, 99 (4): 288-308.

[28] Bisley J. W, Goldberg M. E. Neuronal activity in the lateral intraparietal area and spatial attention [J]. Science, 2003, 299 (5603): 81-6.

[29] Blanton M, Kaput J. Developing elementary teachers' algebra "eyes and ears": Understanding characteristics of professional development that promote generative and self-sustaining change in teacher practice [C]. New Orleans, LA: Annual meeting of the American Educational Research Association, 2002.

[30] Black A. A. Spatial Ability and Earth Science Conceptual Understanding

[J]. Journal of Geoscience Education, 2005, 53 (4): 402 - 414.

[31] Booth J. L, Lange K. E, Koedinger K. R, et al. Using example problems to improve student learning in algebra: Differentiating between correct and incorrect examples [J]. Learning and Instruction, 2013, 25: 24 - 34.

[32] Brandt S, Stark L. Spontaneous Eye Movements During Visual Imagery Reflect the Content of the Visual Scene [J]. Journal of Cognitive Neuroscience, 1997, 9 (1): 27.

[33] Bull R, Espy K. A, Wiebe S. A. Short-term memory, working memory, and executive functioning in preschoolers: Longitudinal predictors of mathematical achievement at age 7 years [J]. Developmental neuropsychology, 2008, 33 (3): 205 - 228.

[34] Butterworth B. The mathematical brain [M]. London: Macmillan, 1999.

[35] Brian Butterworth, Karin Landerl, Anna Bevan. Developmental dyscalculia and basic numerical capacities: a study of 8 ~ 9-year-old students [J]. Cognition, 2004, 93 (2): 99 - 125.

[36] Briars D. J, Larkin J. H. An Integrated Model of Skill in Solving Elementary Word Problems [J]. Cognition and Instruction, 1984, 1 (3): 245 - 296.

[37] Calabria M, Rossetti Y. Interference between number processing and line bisection: a methodology [J]. Neuropsychologia, 2005, 43 (5): 779 - 783.

[38] Cantlon J. F, Libertus M. E, Pinel P, et al. The neural development of an abstract concept of number [J]. Journal of cognitive neuroscience, 2009, 21 (11): 2217 - 2229.

[39] Cantlon J F, Li R. Neural activity during natural viewing of Sesame Street statistically predicts test scores in early childhood [J]. PLoS Biol, 2013, 11 (1): e1001462.

[40] Chen, Y. H, MacDonald, G, Leu, Y. C. Validating cognitive sources of mathematics item difficulty: Application of the LLTM to fraction conceptual items [J]. The International Journal of Educational and Psychological Assessment, 2011, 7 (2): 74-93.

[41] Carraher D. W, Schliemann A. D, Brizuela B. M, et al. Arithmetic and algebra in early mathematics education [J]. Journal for Research in Mathematics education, 2006, 37 (2): 87-115.

[42] Carreiras M, Quiñones I, Hernández-Cabrera J. A, et al. Orthographic coding: brain activation for letters, symbols, and digits [J]. Cerebral Cortex, 2014 (12): 12.

[43] Carpenter P. A, Just M. A, Keller T. A, et al. Graded functional activation in the visuospatial system with the amount of task demand [J]. Journal of Cognitive Neuroscience, 1999, 11 (1): 9-24.

[44] Carry L. Psychology of Equation Solving: An Information Processing Study. Final Technical Report [R]. Austin: Texas university, 1979.

[45] Carter C. S, Larussa M. A, Bodner G. M. A study of two measures of spatial ability as predictors of success in different levels of general chemistry [J]. Journal of Research in Science Teaching, 1987, 24 (7): 645-657.

[46] Casey M. B, Nuttall R. L, Pezaris E. Spatial-mechanical reasoning skills versus mathematical self-confidence as mediators of gender differences on mathematics subtests using cross-national gender-

based items [J]. Journal for Research in Mathematics Education, 2001, 32 (1): 28-57.

[47] Catarino A, Luke L, Waldman S, et al. An fMRI investigation of detection of semantic incongruities in autistic spectrum conditions [J]. European Journal of Neuroscience, 2011, 33 (3): 558-567.

[48] Chen Y, Fu S, Iversen S. D, et al. Testing for dual brain processing routes in reading: a direct contrast of Chinese character and pinyin reading using FMRI [J]. Journal of Cognitive Neuroscience, 2002, 14 (7): 1088-1098.

[49] Cheng Y. L, Mix K. S. Spatial training improves children's mathematics ability [J]. Journal of Cognition and Development, 2014, 15 (1): 2-11.

[50] Chochon F, Cohen L, Van De Moortele P. F, et al. Differential contributions of the left and right inferior parietal lobules to number processing [J]. Journal of cognitive neuroscience, 1999, 11 (6): 617-630.

[51] Cipolott L, Butterworth B, Denes G. A specific deficit for numbers in a case of dense acalculia [J]. Brain, 1991, 114 (6): 2619-2637.

[52] Cirino P. T. The interrelationships of mathematical precursors in kindergarten [J]. Journal of experimental child psychology, 2011, 108 (4): 713-733.

[53] Clements, D. H, Battista, M. T. M. Geometry and spatial reasoning Handbook of research on mathematics teaching and learning [M]. New york: Macmillan Press, 1992, 420-464.

[54] Cohen Kadosh R, Walsh V. Numerical representation in the parietal lobes: Abstract or not abstract? [J]. Behavioral & Brain Sciences,

2009，32 (3 - 4)：313.

[55] Cohen M. S，Kosslyn S. M，Breiter H. C，et al. Changes in cortical activity during mental rotation. A mapping study using functional MRI [J]. Brain，1996，119 (1)：89 - 100.

[56] Colom R，Contreras M. J，Botella J，et al. Vehicles of spatial ability [J]. Personality and Individual Differences，2002，32 (5)：903 - 912.

[57] Cooper L A，Mumaw R. J. Spatial aptitude [J]. Individual differences in cognition，1985，2：67 - 94.

[58] Corbetta M，Akbudak E，Conturo T. E，et al. A common network of functional areas for attention and eye movements [J]. Neuron，1998，21 (4)：761 - 773.

[59] Coull J. T，Nobre A. C. Where and when to pay attention：The neural systems for directing attention to spatial locations and to time intervals as revealed by both PET and fMRI [J]. Journal of Neuroscience the Official Journal of the Society for Neuroscience，1998，18 (18)：7426 - 7435.

[60] Cui J，Yu X，Yang H，et al. Neural correlates of quantity processing of numeral classifiers [J]. Neuropsychology，2013，27 (5)：583.

[61] Critchley M. The parietal lobes [M]. London：Edward Arnold，1953.

[62] Crone E. A，Wendelken C，Leijenhorst L. V，et al. Neurocognitive development of relational reasoning [J]. Developmental Science，2009，12 (1)：55.

[63] Dabbs J. M，Chang E. L，Strong R. A，et al. Spatial ability，navigation strategy，and geographic knowledge among men and women

[J]. Evolution and Human Behavior, 1998, 19 (2): 89 - 98.

[64] Danker J. F, Anderson J. R. The roles of prefrontal and posterior parietal cortex in algebra problem solving: A case of using cognitive modeling to inform neuroimaging data [J]. Neuroimage, 2007, 35 (3): 1365 - 1377.

[65] Dastjerdi M, Ozker M, Foster B. L, et al. Numerical processing in the human parietal cortex during experimental and natural conditions [J]. Nature communications, 2013, 4 (1): 1 - 11.

[66] David H Jonassen, Hernandez-Serrano, Julian. Case-based reasoning and instructional design: Using stories to support problem solving [J]. Educational Technology Research and Development, 2002, 50 (2): 65 - 77.

[67] De Cruz H. How do spatial representations enhance cognitive numerical processing? [J]. Cognitive processing, 2012, 13 (1): 137 - 140.

[68] Dehaene S, Bossini S, Giraux P. The mental representation of parity and number magnitude [J]. Journal of Experimental Psychology: General, 1993, 122 (3): 371.

[69] Dehaene S, Brannon E. M. Space, time, and number: a Kantian research program [J]. Trends in Cognitive Sciences, 2010, 14 (12): 517 - 519.

[70] Dehaene S, Cohen L. Cerebral pathways for calculation: Double dissociation between rote verbal and quantitative knowledge of arithmetic [J]. Cortex, 1997, 33 (2): 219 - 250.

[71] Dehaene S, Dehaenelambertz G, Cohen L. Abstract representations of numbers in the animal and human brain [J]. Trends in Neurosciences, 1998, 21 (8): 355 - 361.

[72] Dehaene S, Dupoux E, Mehler J. Is numerical comparison digital? Analogical and symbolic effects in two-digit number comparison [J]. Journal of Experimental Psychology Human Perception & Performance, 1990, 16 (3): 626-641.

[73] Dehaene S, Molko N, Cohen L, et al. Arithmetic and the brain [J]. Current opinion in neurobiology, 2004, 14 (2): 218-224.

[74] Dehaene S, Spelke E, Pinel P, et al. Sources of Mathematical Thinking: Behavioral and Brain-Imaging Evidence [J]. Science, 1999, 284 (5416): 970.

[75] Dehaene S, Piazza M, Pinel P, et al. Three parietal circuits for number processing [J]. Cognitive neuropsychology, 2003, 20 (3-6): 487-506.

[76] Denise Dellarosa Cummins, Kintsch, Walter, et al. The role of understanding in solving word problems [J]. Cognitive psychology, 1988, 20 (4): 405-438.

[77] Depaepe F, Corte E. D, Verschaffel L. Teachers' approaches towards word problem solving: Elaborating or restricting the problem context [J]. Teaching & Teacher Education, 2010, 26 (2): 152-160.

[78] Dumontheil I, Houlton R, Christoff K, et al. Development of relational reasoning during adolescence [J]. Developmental Science, 2010, 13 (6): F15.

[79] Erik De Corte, Verschaffel, Lieven, et al. Influence of rewording verbal problems on children's problem representations and solutions [J]. Journal of Educational Psychology, 1985, 77 (4): 460.

[80] Eslinger P. J, Blair C, Wang J, et al. Developmental shifts in fMRI activations during visuospatial relational reasoning [J]. Brain &

Cognition, 2009, 69 (1): 1 - 10.

[81] Fehr T, Code C, Herrmann M. Common brain regions underlying different arithmetic operations as revealed by conjunct fMRI-BOLD activation [J]. Brain Research, 2007, 1172 (1): 93 - 102.

[82] De Renzi E, Faglioni P. The relationship between visuo-spatial impairment and constructional apraxia [J]. Cortex, 1967, 3 (3): 327 - 342.

[83] Devon R, Engel R, Turner G. The Effects of Spatial Visualization Skill Training on Gender and Retention in Engineering [J]. Journal of Women & Minorities in Science & Engineering, 1998, 4 (4): 371 - 380.

[84] Dix A, Meer E. Arithmetic and algebraic problem solving and resource allocation: The distinct impact of fluid and numerical intelligence [J]. Psychophysiology, 2015, 52 (4): 544 - 554.

[85] Dong Z. W, Dong G. Z, Wei Y. U, et al. Effect of differential process on the degree of lateralization during Chinese language processing [J]. Chinese Journal of Medical Imaging Technology, 2005, 21: 1321 - 1323.

[86] El Koussy, A. A. H. The visual perception of space [J]. British Journal of Psychology, 1935, 20: 1 - 80.

[87] Efron M. L, Kang E. S, Visakorpi J, et al. Effect of elevated plasma phenylalanine levels on other amino acids in phenylketonuric and normal subjects [J]. The Journal of pediatrics, 1969, 74 (3): 399.

[88] Eger E, Sterzer P, Russ M. O, et al. A supramodal number representation in human intraparietal cortex [J]. Neuron, 2003,

37 (4): 719 - 726.

[89] Ekstrom R. B, French J. W, Harman H H, et al. Manual for kit of factor-referenced cognitive tests [M]. Princeton, NJ: Educational testing service, 1976.

[90] Fasotti L, Eling P. A, Bremer J. J. The internal representation of arithmetical word problem sentences: Frontal and posterior-injured patients compared [J]. Brain & Cognition, 1992, 20 (2): 245 - 63.

[91] Fias W. The Importance of Magnitude Information in Numerical Processing: Evidence from the SNARC Effect [J]. Mathematical Cognition, 1996, 2 (1): 95 - 110.

[92] Fias W. Two routes for the processing of verbal numbers: evidence from the SNARC effect [J]. Psychological Research, 2001, 65 (4): 250 - 259.

[93] Lord T. R. Enhancing learning in the life sciences through spatial perception [J]. Innovative Higher Education, 1990, 15 (1): 5 - 16.

[94] Lord T, Nicely G. Does spatial aptitude influence science-math subject preferences of children? [J]. Journal of Elementary Science Education, 1997, 9 (2): 67 - 81.

[95] Fedorenko E, Gibson E, Rohde D. The nature of working memory in linguistic, arithmetic and spatial integration processes [J]. Journal of Memory and Language, 2007, 56 (2): 246 - 269.

[96] Ferrini-Mundy J. Spatial training for calculus students: Sex differences in achievement and in visualization ability [J]. Journal for Research in Mathematics Education, 1987, 18 (2): 126 - 140.

[97] Fias W. The importance of magnitude information in numerical processing: Evidence from the SNARC effect [J]. Mathematical cogni-

tion，1996，2（1）：95－110.

[98] Fischer M. H，Castel A. D，Dodd M. D，et al. Perceiving numbers causes spatial shifts of attention [J]. Nature Neuroscience，2003，6（6）：555－556.

[99] Fischer M. H，Shaki S. Spatial biases in mental arithmetic [J]. The Quarterly Journal of Experimental Psychology，2014，67（8）：1457－1460.

[100] Fias W，Lauwereyns J，Lammertyn J. Irrelevant digits affect feature-based attention depending on the overlap of neural circuits [J]. Cognitive Brain Research，2001，12（3）：415－423.

[101] Fias W，Lammertyn J，Reynvoet B，et al. Parietal representation of symbolic and nonsymbolic magnitude [J]. Journal of cognitive neuroscience，2003，15（1）：47－56.

[102] Friedrich R，Friederici A. D. Mathematical logic in the human brain：syntax [J]. PLoS One，2009，4（5）：e5599.

[103] Freudenthal H . Development of the Number Concept-From the Algebraic Principle to the Global Organization of Algebra [M]. Springer Netherlands：Mathematics as an Educational Task，1973.

[104] French J. W . The Description of Aptitude and Achievement Tests in Terms of Rotated Factors [J]. Annee Psychologique，1953，54（1）：302－303.

[105] Friedrich R. M，Friederici A. D. Mathematical logic in the human brain：Semantics [J]. PloS one，2013，8（1）：e53699.

[106] Fuchs L. S，Geary D. C，Compton D. L，et al. Effects of first-grade number knowledge tutoring with contrasting forms of practice [J]. Journal of Educational Psychology，2013，105（1）：58.

[107] Galton F. Visualised numerals [J]. Nature, 1880, 21 (533): 252 -256.

[108] Geary D. C, Hoard M. K, Nugent L, et al. Individual differences in algebraic cognition: Relation to the approximate number and semantic memory systems [J]. Journal of experimental child psychology, 2015, 140: 211 - 227.

[109] Geary D. C, Saults S. J, Liu F, et al. Sex Differences in Spatial Cognition, Computational Fluency, and Arithmetical Reasoning [J]. Journal of Experimental Child Psychology, 2000, 77 (4): 337 - 353.

[110] Gevers W, Reynvoet B, Fias W. The mental representation of ordinal sequences is spatially organized [J]. Cognition, 2003, 87 (3): B87 - B95.

[111] Ginsburg H, Baroody A. J. The test of early mathematics ability [M]. Austin: Pro-ed, 1983.

[112] Goel V. Anatomy of deductive reasoning. [J]. Trends in Cognitive Sciences, 2007, 11 (10): 435 - 41.

[113] Goel V, Buchel C, Frith C, et al. Dissociation of mechanisms underlying syllogistic reasoning [J]. Neuroimage, 2000, 12 (5): 504 - 514.

[114] Goel V, Dolan R. J. The functional anatomy of humor: segregating cognitive and affective components [J]. Nature neuroscience, 2001, 4 (3): 237 - 238.

[115] Gottlieb J, Kusunoki M, Goldberg M. E. The representation of visual salience in monkey posterior parietal cortex [J]. Nature, 1998, 391 (6666): 481 - 484.

[116] Grabner R. H, Ansari D, Koschutnig K, et al. To retrieve or to calculate? Left angular gyrus mediates the retrieval of arithmetic facts during problem solving [J]. Neuropsychologia, 2009, 47 (2): 604-608.

[117] Grant E. R, Spivey M. J. Eye movements and problem solving: Guiding attention guides thought [J]. Psychological Science, 2003, 14 (5): 462-466.

[118] Guay R. B, McDaniel E. D. The relationship between mathematics achievement and spatial abilities among elementary school children [J]. Journal for Research in Mathematics Education, 1977, 8 (3): 211-215.

[119] Guilford, J. P. The nature of human intelligence [M]. New York: McGraw-Hill, 1967.

[120] Ito Y, Hatta T. Spatial structure of quantitative representation of numbers: Evidence from the SNARC effect [J]. Memory & Cognition, 2004, 32 (4): 662-73.

[121] Halpern C, McMillan C, Moore P, et al. Calculation impairment in neurodegenerative diseases [J]. Journal of the neurological sciences, 2003, 208 (1): 31-38.

[122] Hanakawa T, Honda M, Okada T, et al. Neural correlates underlying mental calculation in abacus experts: a functional magnetic resonance imaging study [J]. Neuroimage, 2003, 19 (2): 296-307.

[123] Harper, Eon. The boundary between arithmetic and algebra: conceptual understanding in two language systems [J]. International Journal of Mathematical Education in Science & Technology, 1980,

11 (2), 237 - 243.

[124] Harris I. M, Egan G. F, Sonkkila C, et al. Selective right parietal lobe activation during mental rotation [J]. Brain, 2000, 123 (Pt 1) (1): 65.

[125] Harris I. M, Miniussi C. Parietal Lobe Contribution to Mental Rotation Demonstrated with rTMS [J]. Cognitive Neuroscience Journal of, 2003, 15 (3): 315 - 323.

[126] Hartmann M, Grabherr L, Mast F. W. Moving along the mental number line: Interactions between whole-body motion and numerical cognition. [J]. Journal of Experimental Psychology Human Perception & Performance, 2012, 38 (6): 1416.

[127] Hartmann M, Martarelli C. S, Mast F. W, et al. Eye movements during mental time travel follow a diagonal line [J]. Consciousness and cognition, 2014, 30: 201 - 209.

[128] Hartmann M, Mast F. W, Fischer M. H. Spatial biases during mental arithmetic: evidence from eye movements on a blank screen [J]. Frontiers in Psychology, 2015, 6: 12.

[129] Hartmann M, Mast F. W, Fischer M. H. Counting is a spatial process: evidence from eye movements [J]. Psychological Research, 2016, 80 (3): 399 - 409.

[130] Hayes A F. PROCESS: A versatile computational tool for observed variable mediation, moderation, and conditional process modeling [R]. Columbus. The ohio state univesity, 2012.

[131] Hegarty M, Crookes R. D, Daraabrams D, et al. Do All Science Disciplines Rely on Spatial Abilities? Preliminary Evidence from Self-report Questionnaires [C]. Springer-Verlag: International

Conference on Spatial Cognition，2010：85 - 94.

[132] Hegarty M，Kozhevnikov M. Types of visual-spatial representations and mathematical problem solving [J]. Journal of educational psychology，1999，91 (4)：684.

[133] Hegarty M，Mayer R. E，Monk C. A. Comprehension of arithmetic word problems：A comparison of successful and unsuccessful problem solvers [J]. Journal of educational psychology，1995，87 (1)：18.

[134] Heid M. K. A technology-intensive functional approach to the emergence of algebraic thinking [M]. Springer Netherlands：Approaches to algebra，1996：239 - 255.

[135] Herscovics，N. Cognitive obstacles encountered in the learning of algebra [J] . Research issues in the learning and teaching of algebra，1989，4，60 - 86.

[136] Holloway I. D，Battista C，Vogel S. E，et al. Semantic and perceptual processing of number symbols：evidence from a cross-linguistic fMRI adaptation study [J]. Journal of cognitive neuroscience，2013，25 (3)：388 - 400.

[137] Hubbard E. M，Piazza M，Pinel P，et al. Interactions between number and space in parietal cortex [J]. Nature Reviews Neuroscience，2005，6 (6)：435 - 448.

[138] Huette S，Winter B，Matlock T，et al. Eye movements during listening reveal spontaneous grammatical processing [J]. Frontiers in psychology，2014，5：410.

[139] Isaacs E. B，Edmonds C. J，Lucas A，et al. Calculation difficulties in children of very low birthweight [J]. Brain，2001，124 (9)：

1701－1707.

[140] Ischebeck A，Heim S，Siedentopf C，et al. Are numbers special? Comparing the generation of verbal materials from ordered categories (months) to numbers and other categories (animals) in an fMRI study [J]. Human brain mapping，2008，29 (8)：894－909.

[141] Jacob S N，Nieder A. Notation-independent representation of fractions in the human parietal cortex [J]. Journal of Neuroscience，2009，29 (14)：4652－4657.

[142] James G. Greeno，Simon，Herbert A. Problem solving and reasoning [M] //R. C. Atkinson，R. J. Herrnstein，G. Lindzey，&R. D. Luce. Steven's handbook of experimental psychology：Perception and motivation. New Jersey：Jon wiley&sons，1988：589－672.

[143] Johansson R，Johansson M. Look here，eye movements play a functional role in memory retrieval [J]. Psychological Science，2014，25 (1)：236－242.

[144] Jonassen D. H，Hernandez-Serrano J. Case-Based Reasoning and Instructional Design：Using Stories to Support Problem Solving [J]. Educational Technology Research and Development，2002，50 (2)：65－77.

[145] Jones S. J，Burnett G. E. Spatial skills and navigation of source code [J]. ACM SIGCSE Bulletin. 2007，39 (3)：231－235.

[146] Jordan N. C，Hanich L. B，Kaplan D. Arithmetic fact mastery in young children：a longitudinal investigation [J]. Journal of Experimental Child Psychology，2003，85 (2)：103－119.

[147] Jordan K，Heinze H. J，Lutz K，et al. Cortical activations during the mental rotation of different visual objects [J]. Neuroimage，

2001，13（1）：143－52.

[148] Josephine Semmes，Sidney Weinstein，Lila Ghent，et al. Spatial Orientation in Man After Cerebral Injury：I. Analyses by Locus of Lesion [J]. The Journal of Psychology，1955，39（1）：227－244.

[149] Kadosh R. C，Kadosh K. C，Schuhmann T，et al. Virtual Dyscalculia Induced by Parietal-Lobe TMS Impairs Automatic Magnitude Processing [J]. Current Biology，2007，17（8）：689－693.

[150] Kadosh R. C，Walsh V. Numerical representation in the parietal lobes：abstract or not abstract? [J]. Behavioral and brain sciences，2009，32（3－4）：313－328.

[151] Kaput J. J. What is algebra? What is algebraic reasoning [J]. Algebra in the early grades，2008：5－17.

[152] Kaufmann L，Koppelstaetter F，Delazer M，et al. Neural correlates of distance and congruity effects in a numerical Stroop task：an event-related fMRI study [J]. Neuroimage，2005，25（3）：888－898.

[153] Kelley T. L. Crossroads in the Mind of Man [M]. Stanford：Stanford University Press，1928.

[154] Kennedy A. 14-On Looking into Space [J]. Eye Movements in Reading，1983：237－251.

[155] Kieran C. Cognitive processes involved in learning school algebra [M] //P. Nesher & J. kilpatrick. Mathematics and cognition：A research synthesis by the International Group for the Psychology of Mathematics Education. London：Cambridge university Press，1990：97－136.

[156] Kieran C. The Learning and Teaching of School Algebra [J] // D. A. Grouws. Handbook of Research on Mathematical Teaching and Learning. London: Macmillan Publishing, 1992: 390 - 419.

[157] Kieran C. Research on the learning and teaching of algebra [M] // Carotyn Kieran. Handbook of research on the psychology of mathematics education: Past, present and future. Leiden: Brilllsense, 2006: 11 - 49.

[158] Kinzler K. D, Spelke E. S. Core systems in human cognition [J]. Progress in brain research, 2007, 164: 257 - 264.

[159] Kline R. B. Principles and practice of structural equation modeling [M]. New york: Guilford publications, 2015.

[160] Knauff M, Mulack T, Kassubek J, et al. Spatial imagery in deductive reasoning: a functional MRI study [J]. Cognitive Brain Research, 2002, 13 (2): 203 - 212.

[161] Knops A, Nuerk H. C, Fimm B, et al. A special role for numbers in working memory: An fMRI study [J]. Neuroimage, 2006, 29 (1): 1 - 14.

[162] Koponen T, Aunola K, Ahonen T, et al. Cognitive predictors of single-digit and procedural calculation skills and their covariation with reading skill [J]. Journal of Experimental Child Psychology, 2007, 97 (3): 220 - 241.

[163] Kossl yn, Stephen M, Digirolamo, et al. Mental rotation of objects versus hands: Neural mechanisms, revealed by positron emission tomography [J]. Psychophysiology, 1998, 35 (2): 151 -161.

[164] Kozhevnikov M, Motes M. A, Hegarty M. Spatial Visualization in

Physics Problem Solving [J]. Cognitive Science, 2007, 31 (4): 549.

[165] Krajewski K, Schneider W. Exploring the impact of phonological awareness, visual-spatial working memory, and preschool quantity-number competencies on mathematics achievement in elementary school: Findings from a 3-year longitudinal study [J]. Journal of experimental child psychology, 2009, 103 (4): 516 - 531.

[166] Kroger J. K, Sabb F. W, Fales C. L, et al. Recruitment of anterior dorsolateral prefrontal cortex in human reasoning: a parametric study of relational complexity [J]. Cerebral Cortex, 2002, 12 (5): 477.

[167] Kruteckij V. A, Kilpatrick J, Wirszup I, et al, The psychology of mathematical abilities in schoolchildren [M]. chicago: university of chicago Press, 1976.

[168] Knuth E. J, Stephens A. C, McNeil N. M, et al. Does understanding the equal sign matter? Evidence from solving equations [J]. Journal for research in Mathematics Education, 2006, 37 (4): 297 - 312.

[169] Küchemann D. Children's understanding of numerical variables [J]. Mathematics in school, 1978, 7 (4): 23 - 26.

[170] Kucian K, Loenneker T, Dietrich T, et al. Impaired neural networks for approximate calculation in dyscalculic children: a functional MRI study [J]. Behavioral and Brain Functions, 2006, 2 (1): 31.

[171] Landerl K, Bevan A, Butterworth B. Developmental dyscalculia and basic numerical capacities: A study of 8～9-year-old students [J]. Cognition, 2004, 93 (2): 99 - 125.

[172] Leblanc M. D，Weber-Russell S. Text Integration and Mathematical Connections：A Computer Model of Arithmetic Word Problem Solving [J]. Cognitive Science，1996，20 (3)：357 - 407.

[173] Lee K，Lim Z. Y，Yeong S. H. M，et al. Strategic differences in algebraic problem solving：Neuroanatomical correlates [J]. Brain research，2007，1155：163 - 171.

[174] Lee K，Ng S. F，Ng E. L，et al. Working memory and literacy as predictors of performance on algebraic word problems [J]. Journal of Experimental Child Psychology，2004，89 (2)：140 - 158.

[175] Libertus M. E，Brannon E. M. Behavioral and neural basis of number sense in infancy [J]. Current Directions in Psychological Science，2009，18 (6)：346 - 351.

[176] Libertus M. E，Brannon E. M，Pelphrey K. A. Developmental changes in category-specific brain responses to numbers and letters in a working memory task [J]. Neuroimage，2009，44 (4)：1404 - 1414.

[177] Lohman，D. F. Spatial ability：a review and reanalysis of the correlational literature (Tech. Rep. No. 8) [M]. Stanford，CA：Stanford University Press，1979.

[178] Loetscher T，Bockisch C. J，Nicholls M. E. R，et al. Eye position predicts what number you have in mind [J]. Current Biology，2010，20 (6)：R264 - R265.

[179] Maeda K，Ogawa N. Temporal lobe epilepsy manifesting as alexia with agraphia for kanji [J]. Epilepsy & Behavior，2011，22 (3)：592 - 595.

[180] Ma X. Early acceleration of students in mathematics：Does it promote growth and stability of growth in achievement across mathe-

matical areas? [J]. Contemporary Educational Psychology, 2005, 30 (4): 439-460.

[181] Ma X. A longitudinal assessment of early acceleration of students in mathematics on growth in mathematics achievement [J]. Developmental Review, 2005, 25 (1): 104-131.

[182] Marghetis T, Núñez R, Bergen B. K. Doing arithmetic by hand: Hand movements during exact arithmetic reveal systematic, dynamic spatial processing [J]. The Quarterly Journal of Experimental Psychology, 2014, 67 (8): 1579-1596.

[183] Martarelli C. S, Mast F. W. Eye movements during long-term pictorial recall [J]. Psychological Research, 2013, 77 (3): 303-309.

[184] Mary L. Gick, Holyoak, Keith J. Analogical problem solving [J]. Cognitive psychology, 1980, 12 (3): 306-355.

[185] Mazer J. A, Gallant J. L. Goal-related activity in V4 during free viewing visual search: Evidence for a ventral stream visual salience map [J]. Neuron, 2003, 40 (6): 1241-50.

[186] McCrink K, Shaki S, Berkowitz T. Culturally driven biases in preschoolers' spatial search strategies for ordinal and non-ordinal dimensions [J]. Cognitive development, 2014, 30: 1-14.

[187] Mcgee M. G . Human spatial abilities: Psychometric studies and environmental, genetic, hormonal, and neurological influences [J]. Psychological Bulletin, 1979, 86 (5): 889.

[188] McMillan C. T, Clark R, Moore P, et al. Quantifier comprehension in corticobasal degeneration [J]. Brain and cognition, 2006, 62 (3): 250-260.

[189] Michael D. Piburn, Stephen J. Reynolds, Carla McAuliffe, et al. The role of visualization in learning from computer-based images [J]. International Journal of Science Education, 2005, 27 (5): 513 - 527.

[190] Micic D, Ehrlichman H, Chen R. Why do we move our eyes while trying to remember? The relationship between non-visual gaze patterns and memory [J]. Brain & Cognition, 2010, 74 (3): 210 - 224.

[191] Miller D. I, Halpern D. F. Can spatial training improve long-term outcomes for gifted STEM undergraduates? [J]. Learning and Individual Differences, 2013, 26: 141 - 152.

[192] Milner B. Interhemispheric differences in the localization of psychological processes in man [J]. British Medical Bulletin, 1971, 27 (3): 272.

[193] Molko N, Cachia A, Rivière D, et al. Functional and structural alterations of the intraparietal sulcus in a developmental dyscalculia of genetic origin [J]. Neuron, 2003, 40 (4): 847 - 858.

[194] Monti M. M, Parsons L. M, Osherson D. N. Thought beyond language neural dissociation of algebra and natural language [J]. Psychological Science, 2012, 23 (8): 914 - 922.

[195] Myachykov A, Ellis R, Cangelosi A, et al. Ocular drift along the mental number line [J]. Psychological Research, 2016, 80 (3): 379.

[196] National Mathematics Advisory Panel. Foundations for success: The final report of the National Mathematics Advisory Panel [M]. US: Department of Education, 2008.

[197] Nieder A, Dehaene S. Representation of number in the brain [J]. Annual review of neuroscience, 2009, 32: 185 - 208.

[198] Nieder A, Miller E. K. A parieto-frontal network for visual numerical information in the monkey [J]. Proceedings of the National Academy of Sciences of the United States of America, 2004, 101 (19): 7457 - 7462.

[199] Nobre A. C. The attentive homunculus: now you see it, now you don't [J]. Neuroscience & Biobehavioral Reviews, 2001, 25 (6): 477 - 496.

[200] Nobre A. C, Gitelman D. R, Dias E. C, et al. Covert visual spatial orienting and saccades: overlapping neural systems [J]. Neuroimage, 2000, 11 (3): 210 - 216.

[201] Ngu B. H, Chung S. F, Yeung A. S. Cognitive load in algebra: element interactivity in solving equations [J]. Educational Psychology, 2015, 35 (3): 271 - 293.

[202] Nuerk H. C, Wood G, Willmes K. The Universal SNARC effect [J]. Experimental Psychology, 2005, 52 (3): 187 - 194.

[203] Ozdemir, G. Exploring visuospatial thinking in learning about mineralogy: spatial orientation ability and spatial visualization ability [J]. International Journal of Science and Mathematics Education, 2010, 8 (4), 737 - 759.

[204] Park J, Brannon E. M. Training the approximate number system improves math proficiency [J]. Psychological science, 2013, 24 (10): 2013 - 2019.

[205] Park J, Brannon E. M. Improving arithmetic performance with number sense training: An investigation of underlying mechanism

[J]. Cognition, 2014, 133 (1): 188 - 200.

[206] Paterson A, Zangwill O. L. Disorders of visual space perception associated with lesions of the right cerebral hemisphere [J]. Brain, 1944, 67 (4): 331 - 358.

[207] Penrose R. The emperor's new mind: Concerning computers, minds, and the laws of physics [M]. London: Oxford University Press, 1999.

[208] Piazza M, Izard V. How humans count: numerosity and the parietal cortex [J]. The Neuroscientist, 2009, 15 (3): 261 - 273.

[209] Piazza M, Pinel P, Le Bihan D, et al. A magnitude code common to numerosities and number symbols in human intraparietal cortex [J]. Neuron, 2007, 53 (2): 293 - 305.

[210] Pinhas M, Shaki S, Fischer M. H. Addition goes where the big numbers are: evidence for a reversed operational momentum effect [J]. Psychonomic Bulletin & Review, 2015, 22 (4): 993 - 1000.

[211] Polk T. A, Reed C. L, Keenan J. M, et al. A dissociation between symbolic number knowledge and analogue magnitude information [J]. Brain and Cognition, 2001, 47 (3): 545 - 563.

[212] Prado J, Chadha A, Booth J. R. The brain network for deductive reasoning: A quantitative meta-analysis of 28 neuroimaging studies [J]. Journal of Cognitive Neuroscience, 2011, 23 (11): 3483.

[213] Pribyl J. R, Bodner G. M. Spatial ability and its role in organic chemistry: A study of four organic courses [J]. Journal of Research in Science Teaching, 1987, 24 (3): 229 - 240.

[214] Pugh K. R, Shaywitz B. A, Shaywitz S. E, et al. Cerebral organization of component processes in reading [J]. Brain, 1996, 119

(Pt 4) (4): 1221.

[215] Qin Y, Carter C. S, Silk E. M, et al. The change of the brain activation patterns as children learn algebra equation solving [J]. Proceedings of the National Academy of Sciences of the United States of America, 2004, 101 (15): 5686 - 5691.

[216] Raven J. Manual for Raven's Progressive Matrices and Vocabulary Scales: Research Supplement [M]. London: Oxford Psychologists Press, 2000.

[217] Reilhac C, Peyrin C, Démonet J. F, et al. Role of the superior parietal lobules in letter-identity processing within strings: FMRI evidence from skilled and dyslexicreaders [J]. Neuropsychologia, 2013, 51 (4): 601 - 612.

[218] Reuhkala M. Mathematical skills in ninth-graders: Relationship with visuo-spatial abilities and working memory [J]. Educational Psychology, 2001, 21 (4): 387 - 399.

[219] Reynolds J. H, Desimone R. Interacting roles of attention and visual salience in V4 [J]. Neuron, 2003, 37 (5): 853.

[220] Richter W, Georgopoulos A. P, Ugurbil K, et al. Detection of brain activity during mental rotation in a single trial by FMRI [J]. Neuroimage, 1997, 5 (4): S49.

[221] Rittle-Johnson B, Star J. R. Compared with what? The effects of different comparisons on conceptual knowledge and procedural flexibility for equation solving [J]. Journal of Educational Psychology, 2009, 101 (3): 529.

[222] Rittle-Johnson B, Star J. R, Durkin K. The importance of prior knowledge when comparing examples: Influences on conceptual and

procedural knowledge of equation solving [J]. Journal of Educational Psychology, 2009, 101 (4): 836.

[223] Rissman J, Eliassen J. C, Blumstein S. E. An Event-Related fMRI Investigation of Implicit Semantic Priming [J]. Journal of Cognitive Neuroscience, 2003, 15 (8): 1160 - 75.

[224] Rohde T. E, Thompson L. A. Predicting academic achievement with cognitive ability [J]. Intelligence, 2007, 35 (1): 83 - 92.

[225] Rotzer S, Kucian K, Martin E, et al. Optimized voxel-based morphometry in children with developmental dyscalculia [J]. Neuroimage, 2008, 39 (1): 417 - 422.

[226] Rotzer S, Loenneker T, Kucian K, et al. Dysfunctional neural network of spatial working memory contributes to developmental dyscalculia [J]. Neuropsychologia, 2009, 47 (13): 2859 - 2865.

[227] Rourke B. P, Finlayson M. A. J. Neuropsychological significance of variations in patterns of academic performance: Verbal and visual-spatial abilities [J]. Journal of Abnormal Child Psychology, 1978, 6 (1): 121 - 133.

[228] Rudmann D S. Solving Astronomy Problems Can Be Limited by Intuited Knowledge, Spatial Ability, or Both. Paper presented at the Annual Meeting of the American Educational Research Association [R] . New Orleans, LA. 2002.

[229] Rykhlevskaia E, Uddin L. Q, Kondos L, et al. Neuroanatomical correlates of developmental dyscalculia: combined evidence from morphometry and tractography [J]. The developing human brain, 2009 (3): 51.

[230] Sack A. T, Hubl D, Prvulovic D, et al. The experimental combi-

nation of rTMS and fMRI reveals the functional relevance of parietal cortex for visuospatial functions [J]. Cognitive Brain Research, 2002, 13 (1): 85 - 93.

[231] Sachs O, Weis S, Zellagui N, et al. Automatic processing of semantic relations in fMRI: neural activation during semantic priming of taxonomic and thematic categories [J]. Brain Research, 2008, 1218 (28): 194.

[232] Salthouse T. A, Meinz E. J. Aging, inhibition, working memory, and speed [J]. The Journals of Gerontology Series B: Psychological Sciences and Social Sciences, 1995, 50 (6): 297 - 306.

[233] Scheiter K, Gerjets P, Schuh J. The acquisition of problem-solving skills in mathematics: How animations can aid understanding of structural problem features and solution procedures [J]. Instructional Science, 2010, 38 (5): 487 - 502.

[234] Schendan H. E, Stern C. E. Mental rotation and object categorization share a common network of prefrontal and dorsal and ventral regions of posterior cortex [J]. Neuroimage, 2007, 35 (3): 1264 -1277.

[235] Semmes J, Weinstein S, Ghent L, et al. Spatial orientation in man after cerebral injury: I. Analyses by locus of lesion [J]. The Journal of Psychology, 1955, 39 (1): 227 - 244.

[236] Sfard A. Mathematical practices, anomalies and classroom communications problems [M]. P. Ernest. Constructing mathematical knowledge: Epistemology and mathematics education, London: Falmer Press, 1994: 248 - 273.

[237] Sfard A. The development of algebra: Confronting historical and

psychological perspectives [J]. Journal of Mathematical Behavior, 1995, 14 (1): 15-39.

[238] Shaki S, Fischer M. H, Göbel S. M. Direction counts: a comparative study of spatially directional counting biases in cultures with different reading directions [J]. Journal of Experimental Child Psychology, 2012, 112 (2): 275-281.

[239] Shea D. L, Lubinski D, Benbow C. P. Importance of assessing spatial ability in intellectually talented young adolescents: A 20-year longitudinal study [J]. Journal of Educational Psychology, 2001, 93 (3): 604.

[240] Sheliga B. M, Riggio L, Rizzolatti G. Orienting of attention and eye movements [J]. Experimental Brain Research, 1994, 98 (3): 507-522.

[241] Shepard R. N. Metzler J. Mental rotation of three-dimensional objects [J]. Science, 1971, 171: 701-703.

[242] Shetreet E, Chierchia G, Gaab N. When three is not some: On the pragmatics of numerals [J]. Journal of cognitive neuroscience, 2014, 26 (4): 854-863.

[243] Siegel L. S, Ryan E. B. Development of grammatical-sensitivity, phonological, and short-term memory skills in normally achieving and learning disabled children [J]. Developmental psychology, 1988, 24 (1): 28.

[244] Siegler R. S, Duncan G. J, Davis-Kean P. E, et al. Early predictors of high school mathematics achievement [J]. Psychological science, 2012, 23 (7): 691-697.

[245] Siegler R. S, Lemaire P. Older and younger adults' strategy choices

in multiplication：testing predictions of ASCM using the choice/no-choice method [J]. Journal of experimental psychology：General，1997，126 (1)：71.

[246] Silver M. A，Ress D，Heeger D. J. Topographic Maps of Visual Spatial Attention in Human Parietal Cortex [J]. Journal of Neuro-physiology，2005，94 (2)：1358.

[247] Skaggs M. L. Algebra for sixth graders：An investigation of the perceived difference in subsequent learning in algebra attributed to the hands-on equations learning system [D]. Kansas：University of Kansas，1979.

[248] Sleeman D，Putnam R. T，Baxter J，et al. Pascal and high school students：A study of errors [J]. Journal of Educational Computing Research，1986，2 (1)：5 - 23.

[249] Sohn M. H，Goode A，Koedinger K. R，et al. Behavioral equivalence，but not neural equivalence-neural evidence of alternative strategies in mathematical thinking [J]. Nature neuroscience，2004，7 (11)：1193 - 1194.

[250] Solan H. A. The effects of visual-spatial and verbal skills on written and mental arithmetic [J]. Journal of the American Optometric Association，1987，58 (2)：88 - 94.

[251] Spalding J. M. K，Zangwill O. L. Disturbance of number-form in a case of brain injury [J]. Journal of Neurology Neurosurgery & Psychiatry，1950，13 (1)：24.

[252] Star J. R，Pollack C，Durkin K，et al. Learning from comparison in algebra [J]. Contemporary Educational Psychology，2015，40：41 -54.

[253] Super D. E, &Bachrach P. B. Scientific careers and vocational development theory: A review, a critique and some recommendations [M]. New york: Teachers college Press, 1957.

[254] Sutherland R, Rojano T, Bell A, et al. Perspectives on School Algebra [M] . Berlin: Springer Netherlands, 2002.

[255] Swanson L, Kim K. Working memory, short-term memory, and naming speed as predictors of children's mathematical performance [J]. Intelligence, 2007, 35 (2): 151 - 168.

[256] Szameitat A. J, Lepsien J, Cramon D. Y. V, et al. Task-order coordination in dual-task performance and the lateral prefrontal cortex: an event-related fMRI study [J]. Psychological Research, 2006, 70 (6): 541 - 552.

[257] Tagaris G. A, Kim S. G, Strupp J. P, et al. Quantitative relations between parietal activation and performance in mental rotation [J]. Neuroreport, 1996, 7 (3): 773 - 776.

[258] Tagaris G. A, Kim S. G, Strupp J. P, et al. Mental rotation studied by functional magnetic resonance imaging at high field (4 tesla): Performance and cortical activation [J]. Journal of Cognitive Neuroscience, 1997, 9 (4): 419 - 432.

[259] Tall D, Thomas M. Encouraging versatile thinking in algebra using the computer [J]. Educational Studies in Mathematics, 1991, 22 (2): 125 - 147.

[260] Tan L. H, Spinks J. A, Gao J. H, et al. Brain activation in the processing of Chinese characters and words: a functional MRI study [J]. Human Brain Mapping, 2000, 10 (1): 16 - 27.

[261] Teng S, Whitney D. Multimodal localization in medial posterior pa-

rietal cortex: fMRI and TMS evidence [J]. Perception Ecvp Abstract, 2008, 37: 16.

[262] Thioux M, Pesenti M, Costes N, et al. Task-independent semantic activation for numbers and animals [J]. Cognitive Brain Research, 2005, 24 (2): 284 - 290.

[263] Thorndike E. L. On the Organization of Intellect [J]. Psychological Review, 1921, 28 (2): 141.

[264] Tolar T. D, Lederberg A. R, Fletcher J. M. A structural model of algebra achievement: computational fluency and spatial visualisation as mediators of the effect of working memory on algebra achievement [J]. Educational Psychology, 2009, 29 (2): 239 - 266.

[265] Turstone, L. L. Primary mental abilities [J] . British Journal of Edncational Psychology, 1939, 9 (3): 270 - 275.

[266] Troiani V, Peelle J. E, Clark R, et al. Is it logical to count on quantifiers? Dissociable neural networks underlying numerical and logical quantifiers [J]. Neuropsychologia, 2009, 47 (1): 104 - 111.

[267] Troiani V, Clark R, Grossman M. Impaired verbal comprehension of quantifiers in corticobasal syndrome [J]. Neuropsychology, 2011, 25 (2): 159.

[268] Verschaffel L, Dooren W. V, Greer B, et al. Reconceptualising Word Problems as Exercises in Mathematical Modelling [J]. Journal für Mathematik-Didaktik, 2010, 31 (1): 9 - 29.

[269] U. S. Department of Education. Mathematics equals opportunity: White paper prepared for U. S. Secretary of education richard W. Riley (No. ERIC Document Reproduction Service No. ED415119)

(C). Washingtion, D. C. : Department of Education, 1997.

[270] Uttal D H, Meadow N. G, Tipton E, et al. The malleability of spatial skills: A meta-analysis of training studies [J]. Psychological Bulletin, 2013, 139 (2): 352 - 402.

[271] Vingerhoets G, de Lange F. P, Vandemaele P, et al. Motor imagery in mental rotation: an fMRI study [J]. Neuroimage, 2002, 17 (3): 1623 - 1633.

[272] Vuilleumier P, Ortigue S, Brugger P. The number space and neglect [J]. Cortex, 2004, 40 (2): 399 - 410.

[273] Wai J, Lubinski D, Benbow C. P. Spatial ability for STEM domains: Aligning over 50 years of cumulative psychological knowledge solidifies its importance [J]. Journal of Educational Psychology, 2009, 101 (4): 817.

[274] Wai J, Lubinski D, Benbow C. P, et al. Accomplishment in science, technology, engineering, and mathematics (STEM) and its relation to STEM educational dose: A 25-year longitudinal study [J]. Journal of Educational Psychology, 2010, 102 (4): 860.

[275] Walsh V. A theory of magnitude: Common cortical metrics of time, space and quantity [J]. Trends in Cognitive Sciences, 2003, 7 (11): 483.

[276] Warren E. Supporting learning in early algebra: a model of professional learning [J]. Proceedings of MERGA 29, Mathematics Education Research Group of Australasia, 2006 (2): 535 - 542.

[277] Warren J. E, Crinion J. T, Ralph M. A. L, et al. Anterior temporal lobe connectivity correlates with functional outcome after aphasic stroke [J]. Brain, 2009, 132 (12): 3428.

[278] Webb R. M, Lubinski D, Benbow C. P. Spatial ability: A neglected dimension in talent searches for intellectually precocious youth [J]. Journal of Educational Psychology, 2007, 99 (2): 397.

[279] Wei W, Lu H, Zhao H, et al. Gender differences in children's arithmetic performance are accounted for by gender differences in language abilities [J]. Psychological science, 2012, 23 (3): 320 - 330.

[280] Wei W, Yuan H, Chen C, et al. Cognitive correlates of performance in advanced mathematics [J]. British Journal of Educational Psychology, 2012, 82 (1): 157 - 181.

[281] Wheeler J. L, Regian J. W. The use of a cognitive tutoring system in the improvement of the abstract reasoning component of word problem solving [J]. Computers in Human Behavior, 1999, 15 (2): 243 - 254.

[282] Wilson J. T, Scott J. H, Power K. G. Developmental differences in the span of visual memory for pattern [J]. British Journal of Developmental Psychology, 1987, 5 (3): 249 - 255.

[283] Winter B, Perlman M, Matlock T. Using space to talk and gesture about numbers: Evidence from the TV News Archive [J]. Gesture, 2013, 13 (3): 377 - 408.

[284] Wu H. K, Shah P. Exploring visuospatial thinking in chemistry learning [J]. Science Education, 2004, 88 (3): 465 - 492.

[285] Yang T, Chen C, Zhou X, et al. Development of spatial representation of numbers: A study of the SNARC effect in Chinese children [J]. Journal of experimental child psychology, 2014, 117: 1 - 11.

[286] Yantis S, Schwarzbach J, Serences J. T, et al. Transient neural activity in human parietal cortex during spatial attention shifts [J].

Nature Neuroscience，2002，5（10）：995－1002.

[287] Yu X，Liu J，Li D，et al. Dynamic mental number line in simple arithmetic [J]. Psychological research，2016，80（3）：410－421.

[288] Zhang H，Chen C，Zhou X. Neural correlates of numbers and mathematical terms [J]. Neuroimage，2012，60（1）：230－240.

[289] Ziegler E，Stern E. Delayed benefits of learning elementary algebraic transformations through contrasted comparisons [J]. Learning and Instruction，2014，33：131－146.

[290] Zhou F，Zhao Q，Chen C，et al. Mental representations of arithmetic facts：evidence from eye movement recordings supports the preferred operand-order-specific representation hypothesis [J]. The Quarterly Journal of Experimental Psychology，2012，65（4）：661－674.

[291] Zhou X，Chen C，Chen L，et al. Holistic or compositional representation of two-digit numbers? Evidence from the distance，magnitude，and SNARC effects in a number-matching task [J]. Cognition，2008，106（3）：1525－1536.

[292] Zorzi M，Priftis K，Umiltà C. Brain damage：neglect disrupts the mental number line [J]. Nature，2002，417（6885）：138－139.

[293] 蔡丹，李其维，邓赐平．数学学业不良初中生的工作记忆特点：领域普遍性还是特殊性？[J]．心理学报，2013，45（2）：193－205.

[294] 蔡金法．中美学生数学学习的系列实证研究［M］．北京：教育科学出版社，2007.

[295] 范美华．例谈初中数学代数运算的发展性错误及应对策略［J］．数学学习与研究：教研版，2014（18）：102－102.

[296] 冯虹，阴国恩，陈士俊．代数应用题解题过程的眼动研究［J］．心

理科学，2009（5）：1074－1077.

[297] 刘超，买晓琴，傅小兰．不同注意条件下的空间-数字反应编码联合效应［J］．心理学报，2004，36（6）：671－680.

[298] 楼娇英．对“有小括号的混合运算”典型错例的分析与思考［J］．新课程学习（上），2014（6）：55－55.

[299] 李世余．代数学的发展和展望［J］．广西大学学报（自然科学版），1985（1）：33－38.

[300] 李志，孙庆括．小学高年级学生代数思维形成的影响因素和培养途径［J］．科技信息，2014（12）：20－21.

[301] 司继伟，周超，张传花，等．不同加工深度非符号数量信息的SNARC效应：眼动证据［J］．心理学报，2013，45（1）：11－22.

[302] 史炳星．从算术到代数［J］．数学教育学报，2004，13（2）：79－81.

[303] 王云聪．初中生解答代数题目错误的成因及对策［J］．中学生数理化：学研版，2009（2）：10－10.

[304] 温忠麟．调节效应和中介效应分析［M］．北京：教育科学出版社，2012.

[305] 杨金桥．听觉呈现希腊字母不同学习程度的SNARC效应［J］．辽宁教育行政学院学报，2009，26（11）：82－84.

[306] 杨向东．代数应用题项目生成中的认知过程与任务特征分析［J］．心理科学进展，2013，21（1）：175－189.

[307] 杨向东．代数应用题项目生成的结构分析方法［J］．心理科学进展，2014，3：019.

[308] 张华，曲可佳，张奇．含有新算符的代数运算规则学习的有效样例设计［J］．心理学报，2013，45（10）：1104－1110.

附　录

附录1　实验6材料

内容	编号	代数计算		算术计算	
相等的式子	1	$a-b+c$	$a+(c-b)$	3－2＋5	4＋(6－2)
	2	$a-b-c$	$a-(b+c)$	9－3－2	8－(1＋3)
	3	$a+(b+c)$	$(a+c)+b$	2＋(3＋5)	(3＋3)＋4
	4	$(a\times b)\div c$	$a\times(b\div c)$	(3×4)÷2	3×(4÷2)
	5	$a\div b\div c$	$a\div(b\times c)$	8÷2÷2	8÷(1×4)
	6	$a\div b\times c$	$a\div(b\div c)$	8÷4×2	8÷(4÷2)
	7	$a\times(b+c)$	$a\times b+a\times c$	4×(1＋1)	2×1＋2×3
	8	$a+b-c$	$(a-c)+b$	6＋2－4	(7－3)＋4
不等的式子	9	$a-(b+c)$	$a-b+c$	8－(2＋2)	3－2＋5
	10	$a+(c-b)$	$a-b-c$	4＋(6－2)	9－3－2
	11	$a\times(b\div c)$	$a+b-c$	3×(4÷2)	6＋2－4
	12	$(a+c)+b$	$(a-c)+b$	(3＋3)＋4	(7－3)＋4
	13	$a\div(b\div c)$	$a\div b\div c$	8÷(4÷2)	8÷2÷2
	14	$a\div(b\times c)$	$a\times(b+c)$	8÷(1×4)	4×(1＋1)
	15	$(a\times b)\div c$	$a\div b\times c$	(3×4)÷2	8÷4×2
	16	$a\times b+a\times c$	$a+(b+c)$	2×1＋2×3	2＋(3＋5)

附录 2A 实验 7 材料：两步代数问题解决

编号	题目	选项一	选项二
1	学校有 I 张彩色纸，做纸花用去 F 张，做小旗用去 B 张，还剩多少张？	$I-F-B$	$I+F+B$
2	有 B 间教室，每间有 D 个窗户，共装 H 块玻璃，平均每个窗户装多少块？	$H\div B\div D$	$H\times B\div D$
3	张爷爷买 B 只小羊用了 F 元，如果他再买 D 只这样的小羊，需要多少钱？	$F\div B\times D$	$F\div B+D$
4	幼儿园买来 I 个苹果，送给小班 D 个，送给中班 B 个，还剩下多少个？	$I-D-B$	$I+D+B$
5	小刚带了 I 角去买文具，铅笔每支 D 角钱，小刚买了 B 支，剩多少钱？	$I-D\times B$	$I+D\times B$
6	每间教室有 F 个窗户，每个窗户装 D 块玻璃，B 间教室共需多少块玻璃？	$F\times D\times B$	$F\times D\div B$
7	艺术小组做了 I 个风车，送给（1）班 B 个，送给（2）班 C 个，还剩多少个？	$I-B-C$	$I+B+C$
8	一套 I 本的漫画，冬冬已经看了 D 月，每月看 B 本，还有多少本没有看？	$I-D\times B$	$I-D\div B$
9	一包糖如果平均分给 F 人，每人得 C 颗，平均分给 I 人，每人得几颗？	$F\times C\div I$	$F\times C\times I$
10	花丛中原有 H 只蝴蝶，先飞走了 B 只蝴蝶，又飞走了 E 只，还剩多少只？	$H-B-E$	$H+B-E$
11	树上有 H 只喜鹊，先飞走 E 只，又飞来 F 只，这时树上有多少只喜鹊？	$H+E+F$	$H-E+F$
12	小图书箱有图书 G 本，上午还回 C 本，下午借出 E 本，还剩多少本？	$G+C+E$	$G+C-E$
13	学校里原有 G 盒粉笔，昨天用去 D 盒，今天买了 C 盒，现在剩多少盒？	$G+D-C$	$G-D+C$
14	有一批原料，用去了 B 吨，剩下是用去的 E 倍，这批原料共多少吨？	$B+B+E$	$B+B\times E$
15	商店原有 G 筐苹果，上午送来 B 筐，下午又送来 E 筐，现在有多少筐？	$G-B+E$	$G+B+E$

续表

编号	题目	选项一	选项二
16	一副大字有 F 页，每页 H 个字，小李每分钟描 D 个，全部描完需多少时间？	$F\times H+D$	$F\times H\div D$
17	食品店原有 C 箱汽水，上午进货 B 箱，下午进货 E 箱，现在有多少箱？	$C-B+E$	$C+B+E$
18	有 C 个小组去植树，每小组种 B 棵，买树苗花了 F 元，每棵树苗多少钱？	$F\div C+B$	$F\div C\div B$
19	学校饲养组养了 E 只小白兔，H 只小灰兔，卖掉 F 只后，还剩多少只？	$E+H+F$	$E+H-F$
20	体育室有 C 盒羽毛球，每盒 D 个，借出去 G 个，现在还有几个羽毛球？	$C\times D+G$	$C\times D-G$
21	学校里原有 H 盒粉笔，已经用去 E 盒，又买来 C 盒，现在有多少盒粉笔？	$H-E+C$	$H+E-C$
22	小刚买 C 只铅笔用了 I 元，他还想再买 E 只这样的铅笔，需要准备多少钱？	$I\div C\times E$	$I\div C+E$
23	平平写了 F 篇大字，再写 C 篇就和东东一样多了，两人共写了多少篇大字？	$F+C+F$	$F\times C+F$
24	小明原有 C 个气球，买来 B 个黄气球和 D 个红气球，现在有多少个气球？	$C+B+D$	$C-B+D$
25	B 个小队割青草，每个小队割 C 捆，每捆重 H 千克，一共割了多少千克？	$B\times C\times H$	$B+C+H$
26	同学们分 D 组做风车，每组做可以 I 只，送给幼儿园 G 只，还有多少只？	$D+I+G$	$D\times I-G$
27	某兴趣小组有 E 个男生，女生比男生多 B 人，兴趣小组一共多少人？	$E+B+E$	$E-B+E$
28	小华家养了 B 只母鸡，D 天一共生了 H 个蛋，平均每只每天生多少个蛋？	$H\div B\div D$	$H+B\div D$
29	奶奶家养鸡 C 只，鸭的只数比鸡的 D 倍还多 B 只，奶奶家养了多少只鸭？	$C\times D+B$	$C\times D-B$
30	师傅做了 I 个面包，小明买了 C 个，小红买了 B 个，你还可以买几个？	$I-C-B$	$I-C+B$
31	四年级学生种向日葵 H 棵，是三年级的 B 倍，两个年级一共种了多少棵？	$H+H+B$	$H+H\div B$

续表

编号	题目	选项一	选项二
32	食堂一共有 G 筐萝卜，午饭吃了 C 筐，晚饭吃了 D 筐，还剩多少筐萝卜？	$G+C-D$	$G-C-D$
33	同学们搬花，如果每人搬 C 盆需要 H 人，如果要 F 人去搬，每人要搬多少盆？	$H\times C+F$	$H\times C\div F$
34	平均每头牛每天吃 H 千克草，照这样计算，G 头牛 C 天一共吃多少千克草？	$H+G+C$	$H\times G\times C$
35	超市原有西瓜 D 个，运来 F 个之后又卖掉了 E 个，现在有多少个西瓜？	$D+F+E$	$D+F-E$
36	河里有 H 只鸭子，先上岸 C 只，又上岸 D 只，这时河里有多少只鸭子？	$H+C+D$	$H-C-D$
37	奶奶养了 H 只鸡，卖出了 C 只，又买进了 E 只，现在奶奶有多少只鸡？	$H-C-E$	$H-C+E$
38	小红买了 H 条毛巾，每条 F 元，换成买 D 元一条的毛巾，可以买多少条？	$H+F+D$	$H\times F\div D$
39	小巧带了 I 元去商店买饮料，准备买 D 瓶，每瓶 C 元，她还缺多少元？	$I-D-C$	$D\times C-I$
40	停车场有大卡车 F 辆，有小轿车 E 辆，开走了 G 辆，现在有多少辆车？	$F+E+G$	$F+E-G$

附录 2B　实验 7 材料：一步代数问题解决

编号	题目	选项一	选项二
1	小刚去买文具，铅笔每支 D 角钱，小刚买了 B 支，一共花掉了多少钱？	$D\times B$	$D\div B$
2	有一些彩色纸，做纸花用去 F 张，做小旗用去 B 张，共用去多少张？	$F+B$	$F-B$
3	商店有一些苹果，上午卖出 B 筐，下午卖出 E 筐，一共卖出了多少筐？	$B+E$	$E-B$
4	小图书箱上午借出 C 本，下午借出 E 本，上午比下午多借出多少本？	$E-C$	$C+E$

续表

编号	题目	选项一	选项二
5	艺术小组做了风车，送给（1）班 B 个，送给（2）班 C 个，共送出多少个？	$B+C$	$C-B$
6	冬冬看一套 I 本的故事书，已经看了 D 月，每月看 B 本，一共看了多少本？	$D\times B$	$D-B$
7	学校组织植树，共有 B 个小组，一共种了 F 棵树，每个小组种多少棵树？	$F\div B$	$F\times B$
8	教室一共有 F 个窗户，每个窗户需要安装 B 块玻璃，共安装多少块玻璃？	$F\times B$	$F+B$
9	幼儿园买糖分给小朋友，一共有 H 颗，平均分给 D 人，每人分得多少颗？	$H\div D$	$H-D$
10	花丛中有一些蝴蝶，先飞走了 B 只，又飞走了 E 只，一共飞走了多少只？	$B+E$	$E-B$
11	张爷爷买了一只小羊花了 B 元，如果他要买 D 只小羊，需要准备多少钱？	$B+D$	$B\times D$
12	电线场有一批原料，用去了 B 吨，剩下的是用去的 E 倍，还剩多少吨？	$B+E$	$B\times E$
13	学校第一天用去 D 盒粉笔，第二天用去 C 盒粉笔，一共用掉了多少盒？	$D-C$	$D+C$
14	一副大字一共有 F 页，小李每小时描 B 页，该大字全部描完需多少时间？	$F-B$	$F\div B$
15	树上有一些喜鹊，先飞走 E 只，又飞走 F 只，一共飞走多少只喜鹊？	$F-E$	$E+F$
16	某小学一共有 B 个教室，共安装了 H 块玻璃，平均每个教室安装多少块？	$H+B$	$H\div B$
17	幼儿园给小朋友分苹果，给小班 D 个，给中班 B 个，一共分了多少个？	$D\div B$	$D+B$
18	食品店上午卖了 B 箱汽水，下午卖了 E 箱，下午比上午多卖出多少箱？	$E+B$	$E-B$
19	体育室一共有 I 个羽毛球，如果装到 C 个盒子里，平均每盒装多少个？	$I-C$	$I\div C$
20	学校饲养组养了 E 只小白兔，H 只小灰兔，小白兔比小灰兔多多少只？	$E+H$	$H-E$

续表

编号	题目	选项一	选项二
21	某兴趣小组有 E 个男生，女生比男生多 B 人，兴趣小组女生有多少人？	$E+B$	$E-B$
22	小红去商场买毛巾，每条毛巾 F 元，一共买了 D 条，共花了多少钱？	$F\times D$	$F+D$
23	河里有一些鸭子，先上岸 C 只，又上岸 D 只，一共上岸了多少只鸭子？	$C+D$	$D-C$
24	某班同学分 D 组做风车送给幼儿园，每组做 I 只，一共做了多少只？	$D\times I$	$D+I$
25	一头奶牛每天吃 H 千克草，照这样计算，这头牛 C 天共吃多少千克草？	$H\times C$	$H-C$
26	小华家的母鸡 D 天一共生了 H 个鸡蛋，该母鸡平均每天生多少个蛋？	$H\div D$	$H+D$
27	超市原有西瓜 D 个，两天后又运来了 F 个西瓜，现在有多少个西瓜？	$D+F$	$F-D$
28	某个小队割了青草 C 捆，每捆重 H 千克，这个小队一共割了多少千克？	$H\times C$	$H+C$
29	奶奶家养了 D 只鸡，养的鸭的只数是鸡的 B 倍，奶奶家养了多少只鸭？	$D\times B$	$D+B$
30	小巧去商店买饮料，饮料每瓶 C 元，共买了 D 瓶，她一共花掉多少元？	$C\times D$	$C+D$
31	同学们搬花，一共需要搬 H 盆，如果要 D 人去搬，每人要搬多少盆？	$H\times D$	$H\div D$
32	平平写了 F 篇大字，再写 C 篇就和东东一样多了，东东写了多少篇大字？	$F-C$	$F+C$
33	张爷爷买一支铅笔用了 I 元，他还想再买 C 支铅笔，需要准备多少钱？	$I-C$	$I\times C$
34	食堂有一些萝卜，午饭吃了 C 筐，晚饭吃了 D 筐，一共吃了多少筐？	$D-C$	$C+D$
35	小明去买气球，买了 B 个黄气球和 D 个红气球，共买了多少个气球？	$D-B$	$B+D$
36	四年级同学种了 H 棵向日葵，是三年级的 B 倍，三年级种了多少棵？	$H-B$	$H\div B$

续表

编号	题目	选项一	选项二
37	学校里一共需要 H 盒粉笔，已经买了 C 盒粉笔，还需要多少盒粉笔？	$H+C$	$H-C$
38	奶奶过年前买进了 E 只鸡，过年后卖了 C 只，现在奶奶有多少只鸡？	$E+C$	$E-C$
39	小明和小红去买面包，小明买了 C 个，小红买了 B 个，一共买了几个？	$C\times B$	$C+B$
40	停车场停放着一些车，有大卡车 F 辆，有小轿车 E 辆，共有多少辆车？	$F-E$	$F+E$

附录 2C　实验 7 材料：两步算术问题解决

编号	题目	选项一	选项二
1	学校有 9 张彩色纸，做纸花用去 6 张，做小旗用去 2 张，还剩多少张？	9－6－2	9＋6＋2
2	有 2 间教室，每间有 4 个窗户，共装 8 块玻璃，平均每个窗户装多少块？	8÷2÷4	8×2÷4
3	张爷爷买 2 只小羊用了 600 元，如果他再买 4 只这样的小羊，需要多少钱？	600÷2×4	600÷2＋4
4	幼儿园买来 9 个苹果，送给小班 4 个，送给中班 2 个，还剩下多少个？	9－4－2	9＋4＋2
5	小刚带了 9 角去买文具，铅笔每支 4 角钱，小刚买了 2 支，剩多少钱？	9－4×2	9＋4×2
6	每间教室有 6 个窗户，每个窗户装 4 块玻璃，2 间教室共需多少块玻璃？	6×4×2	6×4÷2
7	艺术小组做了 9 个风车，送给（1）班 2 个，送给（2）班 3 个，还剩多少个？	9－2－3	9＋2＋3
8	一套 9 本的漫画，冬冬已经看了 4 个月，每个月看 2 本，还有多少本没有看？	9－4×2	9－4÷2
9	一包糖如果平均分给 6 人，每人分得 3 颗，平均分给 9 人，每人分得几颗？	6×3÷9	6×3×9

续表

编号	题目	选项一	选项二
10	花丛中原有 8 只蝴蝶，先飞走了 2 只蝴蝶，又飞走了 5 只，还剩多少只？	8－2－5	8＋2－5
11	树上有 8 只喜鹊，先飞走 5 只，又飞来 6 只，这时树上有多少只喜鹊？	8＋5＋6	8－5＋6
12	小图书箱有图书 7 本，上午还回 3 本，下午借出 5 本，还剩多少本？	7＋3＋5	7＋3－5
13	学校里原有 7 盒粉笔，昨天用去 4 盒，今天买了 3 盒，现在剩多少盒？	7＋4－3	7－4＋3
14	有一批原料，用去了 2 吨，剩下的是用去的 5 倍，这批原料共多少吨？	2＋2＋5	2＋2×5
15	商店原有 7 筐苹果，上午送来 2 筐，下午又送来 5 筐，现在有多少筐？	7－2＋5	7＋2＋5
16	一副大字有 6 页，每页 8 个字，小李每分钟描 4 个，全部描完需多少时间？	6×8＋4	6×8÷4
17	食品店原有 3 箱汽水，上午进货 2 箱，下午进货 5 箱，现在有多少箱？	3－2＋5	3＋2＋5
18	有 3 个小组去植树，每个小组种 2 棵，买树苗花了 600 元，每棵树苗多少钱？	600÷3＋2	600÷3÷2
19	学校饲养组养了 5 只小白兔，8 只小灰兔，卖掉 6 只后，还剩多少只？	5＋8＋6	5＋8－6
20	体育室有 3 盒羽毛球，每盒 4 个，借出去 7 个，现在还有几个羽毛球？	3×4＋7	3×4－7
21	学校里原有 8 盒粉笔，已经用去 5 盒，又买来 3 盒，现在有多少盒粉笔？	8－5＋3	8＋5－3
22	小刚买 3 支铅笔用了 9 元，他还想再买 5 支这样的铅笔，需要准备多少钱？	9÷3×5	9÷3＋5
23	平平写了 6 篇大字，再写 3 篇就和东东一样多了，两人共写了多少篇大字？	6＋3＋6	6×3＋6
24	小明原有 3 个气球，又买来 2 个黄气球和 4 个红气球，现在有多少个气球？	3＋2＋4	3－2＋4
25	2 个小队割青草，每个小队割 3 捆，每捆重 8 千克，一共割了多少千克？	2×3×8	2＋3＋8

续表

编号	题目	选项一	选项二
26	同学们分 4 组做风车，每组可以做 9 只，送给幼儿园 7 只，还有多少只？	4＋9＋7	4×9－7
27	某兴趣小组有 5 个男生，女生比男生多 2 人，该兴趣小组一共多少人？	5＋2＋5	5－2＋5
28	小华家养了 2 只母鸡，4 天一共生了 8 个蛋，平均每只鸡每天生多少个蛋？	8÷2÷4	8＋2÷4
29	奶奶家养了鸡 3 只，鸭的只数比鸡的 4 倍还多 2 只，奶奶家养了多少只鸭？	3×4＋2	3×4－2
30	师傅做了 9 个面包，小明买了 3 个，小红买了 2 个，你还可以买几个？	9－3－2	9－3＋2
31	四年级学生种向日葵 8 棵，是三年级的 2 倍，两个年级一共种了多少棵？	8＋8＋2	8＋8÷2
32	食堂一共有 7 筐萝卜，午饭吃了 3 筐，晚饭吃了 4 筐，还剩多少筐萝卜？	7＋3－3	7－3－3
33	同学们搬花，如果每人搬 3 盆需要 8 人，如果要 6 人去搬，每人要搬多少盆？	8×3＋6	8×3÷6
34	平均每头牛每天吃 8 千克草，照这样计算，7 头牛 3 天一共吃多少千克草？	8＋7＋3	8×7×3
35	超市原有西瓜 4 个，运来 6 个之后又卖掉了 5 个，现在有多少个西瓜？	4＋6＋5	4＋6－5
36	河里有 8 只鸭子，先上岸 3 只，又上岸 4 只，这时河里有多少只鸭子？	8＋3＋4	8－3－4
37	奶奶养了 8 只鸡，卖出了 3 只，又买进了 5 只，现在奶奶有多少只鸡？	8－3－5	8－3＋5
38	小红买了 8 条毛巾，每条 6 元，换成买 4 元一条的毛巾，可以买多少条？	8＋6＋4	8×6÷4
39	小巧带了 9 元去商店买饮料，准备买 4 瓶，每瓶 3 元，她还缺多少元？	9－4－3	4×3－9
40	停车场有大卡车 6 辆，有小轿车 5 辆，开走了 7 辆，现在有多少辆车？	6＋5＋7	6＋5－7

附录 2D　实验 7 材料：一步算术问题解决

编号	题目	选项一	选项二
1	小刚去买文具，铅笔每支 4 角钱，小刚买了 2 支，一共花掉了多少钱？	4×2	4÷2
2	有一些彩色纸，做纸花用去 6 张，做小旗用去 2 张，共用去多少张？	6+2	6−2
3	商店有一些苹果，上午卖出 2 筐，下午卖出 5 筐，一共卖出了多少筐？	2+5	5−2
4	小图书箱上午借出 3 本书，下午借出 5 本书，上午比下午多借出多少本书？	5−3	3+5
5	艺术小组做了风车，送给（1）班 2 个，送给（2）班 3 个，共送出多少个？	2+3	3−2
6	冬冬看一套 9 本的故事书，已经看了 4 个月，每个月看 2 本，一共看了多少本？	4×2	4−2
7	学校组织植树，共有 2 个小组，一共种了 6 棵树，平均每个小组种多少棵树？	6÷2	6×2
8	教室一共有 6 个窗户，每个窗户需要安装 2 块玻璃，共安装多少块玻璃？	6×2	6+2
9	幼儿园买糖分给小朋友，一共有 8 颗，平均分给 4 人，每人得多少颗？	8÷4	8−4
10	花丛中有一些蝴蝶，先飞走了 2 只，又飞走了 5 只，一共飞走了多少只？	2+5	5−2
11	张爷爷买了一只小羊花了 200 元，如果他要买 4 只小羊，需要准备多少钱？	200+4	200×4
12	电线场有一批原料，用去了 2 吨，剩下的是用去的 5 倍，还剩多少吨？	2+5	2×5
13	学校第一天用去 4 盒粉笔，第二天用去 3 盒粉笔，一共用掉了多少盒粉笔？	4−3	4+3
14	一副大字一共有 6 页，小李每小时描 2 页，该大字全部描完需多少时间？	6−2	6÷2
15	树上有一些喜鹊，先飞走 5 只，又飞走 6 只，一共飞走多少只喜鹊？	6−5	5+6

续表

编号	题目	选项一	选项二
16	某小学一共有 2 个教室，共安装了 8 块玻璃，平均每个教室安装多少块？	8+2	8÷2
17	幼儿园给小朋友分苹果，给小班 4 个，给中班 2 个，一共分了多少个？	4÷2	4+2
18	食品店上午卖了 2 箱汽水，下午卖了 5 箱，下午比上午多卖出多少箱？	5+2	5−2
19	体育室一共有 9 个羽毛球，如果装到 3 个盒子里，平均每盒装多少个？	9−3	9÷3
20	学校饲养组养了 5 只小白兔，8 只小灰兔，小白兔比小灰兔多多少只？	5+8	8−5
21	某兴趣小组有 5 个男生，女生比男生多 2 人，兴趣小组有女生多少人？	5+2	5−2
22	小红去商场买毛巾，每条毛巾 6 元，一共买了 4 条，共花了多少钱？	6×4	6+4
23	河里有一些鸭子，先上岸 3 只，又上岸 4 只，一共上岸了多少只鸭子？	3+4	4−3
24	某班同学分 4 组做风车送给幼儿园，每组做 9 只，一共做了多少只？	4×9	4+9
25	一头奶牛每天吃 8 千克草，照这样计算，这头牛 3 天共吃多少千克草？	8×3	8−3
26	小华家的母鸡 4 天一共生了 8 个鸡蛋，该母鸡平均每天生多少个蛋？	8÷4	8+4
27	超市原有西瓜 4 个，两天后又运来了 6 个西瓜，现在有多少个西瓜？	4+6	6−4
28	某个小队割了青草 3 捆，每捆重 8 千克，这个小队一共割了多少千克？	8×3	8+3
29	奶奶家养了 4 只鸡，养的鸭的只数是鸡的 2 倍，奶奶家养了多少只鸭？	4×2	4+2
30	小巧去商店买饮料，饮料每瓶 3 元，共买了 4 瓶，她一共花掉多少元？	3×4	3+4
31	同学们搬花，一共需要搬 8 盆，如果要 4 人去搬，每人要搬多少盆？	8×4	8÷4

续表

编号	题目	选项一	选项二
32	平平写了 6 篇大字，再写 3 篇就和东东一样多了，东东写了多少篇大字？	6－3	6＋3
33	张爷爷买一支铅笔用了 9 元，他还想再买 3 支铅笔，需要准备多少钱？	9－3	9×3
34	食堂有一些萝卜，午饭吃了 3 筐，晚饭吃了 4 筐，一共吃了多少筐？	4－3	3＋4
35	小明去买气球，买了 2 个黄气球和 4 个红气球，共买了多少个气球？	4－2	2＋4
36	四年级同学种了 8 棵向日葵，是三年级的 2 倍，三年级种了多少棵？	8－2	8÷2
37	学校里一共需要 8 盒粉笔，已经买了 3 盒粉笔，还需要多少盒粉笔？	8＋3	8－3
38	奶奶过年前买进了 5 只鸡，过年后卖了 3 只，现在奶奶有多少只鸡？	5＋3	5－3
39	小明和小红去买面包，小明买了 3 个，小红买了 2 个，一共买了几个？	3×2	3＋2
40	停车场停放着一些车，有大卡车 6 辆，有小轿车 5 辆，共有多少辆车？	6－5	6＋5